工商管理专业与应用型人才培养

车志慧　著

中国建材工业出版社
北　京

图书在版编目（CIP）数据

工商管理专业与应用型人才培养/车志慧著. --北京：中国建材工业出版社，2023.12
ISBN 978-7-5160-3986-1

Ⅰ. ①工... Ⅱ. ①车... Ⅲ. ①工商行政管理－人才培养－研究－高等学校 Ⅳ. ①F203.9

中国国家版本馆 CIP 数据核字（2024）第 001639 号

工商管理专业与应用型人才培养
Gongshang Guanli Zhuanye yu Yingyongxing Rencai Peiyang
车志慧　**著**

出版发行：中国建材工业出版社
地　　址：北京市海淀区三里河路 1 号
邮　　编：100044
经　　销：全国各地新华书店
印　　刷：北京传奇佳彩数码印刷有限公司
开　　本：787mm×1092mm　1/16
印　　张：11.5
字　　数：155 千字
版　　次：2024 年 7 月第 1 版
印　　次：2024 年 7 月第 1 次
定　　价：59.80 元

本社网址：www.jccbs.com，微信公众号：zgjcgycbs

前　言

工商管理专业是管理学中的一门重要专业，是一门与社会经济发展密切相关的应用性专业。近年来，随着市场经济的飞速发展，我国对于工商管理类人才的需求量越来越大，供需之间出现了不平衡的情况。这种情况下，就需要高校为市场提供充足的工商管理合格人才。工商管理教学的使命和责任，是真正培养有理想和抱负、人文修养和道德情操，有职业素质、专业技能和竞争优势的人才。教师在实际工作中不断改革创新，积极开展教学教育研究，特别要对如何创新人才培养模式、提高教学质量等问题进行深入研究。

高校培养出来的创新人才的数量和质量，很大程度上，影响着整个国家的创新能力的建设与提升。研究创新人才培养的模式和方法对促进教学改革和全面提升教学质量具有十分重要的理论意义和实践意义。培养高素质应用型工商管理人才，转变教育观念，明确专业建设定位，进行立体式的本科工商管理教育综合改革，提出工商管理专业创新应用型人才培养方案，建立了新的课程体系。

笔者在撰写本书的过程中，参考了很多专家与学者的研究成果，在此对他们表示衷心的感谢。书中存在疏漏和不当之处，敬请广大读者不吝赐教和批评指正。

目　录

第一章　工商管理的相关概念

第一节　工商管理的基本概念

一、企业

（一）企业的含义

有关企业的含义十分丰富，不同学科对企业的内涵有着不同的认识。经济学认为，企业是创造经济利润的机器和工具；社会学认为，企业是人的集合；法学认为，企业是一组契约关系；商科和管理学则认为，企业是一类组织、一种商业模式。在《辞海》中，对“企业”的解释为：“从事生产、流通或服务活动的独立核算经济单位”；在《现代汉语词典》中，对“企业”的解释为：“从事生产、运输、贸易等经济活动的部门如工厂、矿山、铁路、公司等”。

从上面的解释可以看出：首先，企业是一种社会组织；其次，企业从事经济活动，也就是能够给社会提供服务或产品；最后，企业是以获得利润为目的，即以营利为目的。因此，企业一般是指以营利为目的，以实现投资人、客户、员工、社会大众的利益最大化为使命，运用劳动力、资本、土地、信息技术等各种生产要素向市场提供商品或服务，实行自主经营、自负盈亏、独立核算的具有法人资格的社会经济组织。

(二)企业的发展

随着生产力的发展、社会的进步,企业形式也得到不断的发展与完善。企业的演进主要经历了三个阶段。

1.工场手工业时期

这是指从封建社会的家庭手工业到资本主义初期的工场手工业时期。16—17世纪,一些西方国家的封建社会制度向资本主义制度转变,资本主义原始积累加快,大规模地剥夺农民的土地,使家庭手工业急剧瓦解,开始向资本主义工场制转变。工场手工业是企业的雏形。

2.工厂制时期

18世纪,西方各国相继开展了工业革命,大机器的普遍采用,为工厂制的建立奠定了基础。1771年,英国人理查德·阿克赖特在克隆福特创立了第一家棉纱工厂。19世纪中期,工厂制度在英、德等国家普遍建立。工厂制的主要特性是:实行大规模的集中劳动,采用大机器提高生产效率,实行雇佣工人制度,劳动分工深化,生产走向社会化。

3.现代企业时期

19世纪末20世纪初,随着自由资本主义向垄断资本主义过渡,工厂自身发生了复杂而又深刻的变化:不断采用新技术,使生产迅速发展;生产规模不断扩大,竞争加剧,产生了大规模的垄断企业;经营权与所有权分离,形成职业化的管理阶层;普遍建立了科学的管理制度,形成了一系列科学管理理论,从而使企业走向成熟,成为现代企业。

(三)企业的分类

在我国,按照不同标准,企业可分为不同的形式。

1.按照投资人的出资方式和责任形式,企业主要存在三种常见组织形式:独资企业、合伙企业和公司制企业。其中,公司制企业是现代企业中最主要和最典型的组织形式。公司制企业按股东对公司所负责任的不同可以分为无限责任公司、有限责任公司和股份有限公司;按信用等级可分为人合公司、资合公司、人合兼资合公司;按公司地位类型可分为母公司和子公司。

2.按所有制结构可分为全民所有制企业、集体所有制企业、私营企业和外资企业。

3.按规模可分为特大型企业、大型企业、中型企业、小型企业和微型企业。

4.按资源密集程度可分为劳动密集型企业、资金密集型企业和技术密集型企业。

5.按经济部门可分为工业企业、商业企业、农业企业、金融保险企业、房地产开发企业、交通运输企业、旅游服务企业、餐饮娱乐企业、邮电企业、中介服务企业等。

6.按照投资者的地区不同分为内资企业、外资企业和港、澳、台商投资企业。

7.按企业健康程度可分为相对比较健康的随机应变型企业、军队型企业、韧力调节型企业，和相对不健康的消极进取型企业、时停时进型企业、过度膨胀型企业、过度管理型企业。

(四)企业的作用和特点

1.企业的作用

企业是社会分工发展的产物。从劳动分工的角度来看，企业这种经济组织将具有专门技能、分属于不同职业的人集中在一个作坊里，利用专门的机器实现某些特殊工艺，实现了专业化生产。企业存在的意义是能够利用劳动分工和专业化的优势促进劳动生产率的提高。随着社会分工的不断发展壮大，企业现在已经成为市场经济活动的主要参与者，构成了市场经济的微观基础。

作为国民经济的细胞，企业对整个社会经济的发展与进步有着不可替代的作用。企业是市场经济活动的主要参加者，是社会生产和流通的直接承担者，是推动社会经济技术进步的主要力量。从一定意义上讲，企业素质的高低以及是否适应市场经济发展的要求，直接关系着国民经济状况的优劣和社会的长治久安。

2. 企业的特点

(1)契约性。企业是一个契约性组织。法律契约、行为契约、心理契约等始终贯穿于企业运营管理的主线。

(2)市场性。企业是一个市场性组织。过去,企业作为契约性组织由上级负责;现在,企业是市场性组织,人对市场负责,市场化程度的高低决定了企业盈利能力的高低。

(3)学习性。企业是学习型组织。过去认为企业是制造产品的,现在看来,企业是制造思想的。企业内部有两条价值链:一是意识形态价值链,从信息和知识到能力,再到思想;二是物质形态价值链。

(4)虚拟性。企业的一个发展趋势是向虚拟化组织的方向发展。采取虚拟生产、虚拟营销、虚拟运输、虚拟分配的企业不断出现。

(5)模糊性。企业的另一个发展趋势是向无边界组织发展。过去认为企业是有边界的,后来发展了,企业成为无边界的,再后来,企业既有边界又无边界,边界模糊,一切都模糊化。现在看来,企业边界按照边际成本乘以边际收益来看,许多企业边际成本小于边际收益,或者边际成本为零。边际收益不变,那么边际成本、边际收益递增的规律发挥主导作用。即边界可以无限大,这对于企业的运作意义是很大的。

(6)系统性。企业是一个系统性的组织。现在的企业分成两条线:一条线是产品和服务;另一条线是使企业具有持续竞争力的保障系统。一般来讲,国外成功的大企业都是系统化运作,讲究系统性。

(7)网络性。企业是网络化组织。价值链组织对于一个企业来说还不够,它不一定形成一个圈环。成为网络组织,使企业成为链主,企业和网主企业就要对价值链进行运作整合,这样企业就可以成为一个联合体。中国企业应该融入这个网络,融入更大的、更多的价值网络。

(8)全球性。企业是全球性组织。过去企业根据木桶理论决定怎么用最短的那根木片提高利润,把最短的那根木片补齐,这样企业总在经营劣势。现在新木桶理论出现了,也就是说短的那一块不做了,就做最擅长的那一块,每个企业都有经营优势,就像每个人做自己最感兴趣的事。这样做成本很低，效率很高。由木桶理论发展到新木桶理论，每个企业根据全球定位，你做一段，我做一段，全球集成，融入全球化过程中。最终的企业就是全球化组织。

(9)体系性。企业是体系性的组织。把企业打造成一个体系，也就是让平凡的人做出不平凡的事。具体到一个人很平凡，但成为一个体系就很厉害。通过打造这个体系，使管理达到最高境界，即没有管理；使战略达到最高境界，即没有战略，就像高速公路一样。

(10)诚信性。在企业的运营过程中最重要的就是诚信，这是社会责任与道德对一个企业的基本要求。

二、工商企业

早期的企业较多地出现在工业和商业领域，因此概括地称为工商企业。工商企业就是工业和商业领域的企业，包括工业企业和商业企业。

(一)工业企业

工业企业是指直接从事工业性生产经营活动(或劳务)的营利性经济组织，是企业的一种重要组成形式。

1. 工业企业的特征

(1)工业企业是一种经济组织

这一特征表现了它的经济性和组织性。经济性是指它是经济领域内的一种组织，是国民经济体系中的基层组织和经济细胞；它从事的是生产经营性的经济活动，追求的是经济效益。组织性是指它是依法定程序组成的统一体，是经济上的统一体、技术上的统一体、对外关系上的统一体。

(2)工业企业是从事工业商品生产经营活动的经济组织

这一特征表现了它的产品的商品性和工业性。商品性是指现代工业企业都是从事商品生产经营活动的。它们所生产的产品(或所提供的劳务)都是以商品形式出现的，都需要投入市场，将个别劳动转化为社会必要劳动，取得社会承认，方能实现自己的使用价值和价值。因此，现代工业企业都是一定的商品生产者、经营者。工业性是指它所生产经营的产品或劳务都具有工业性质，是工业品或工业劳务。工业企业的这些特征、属性也为工业企业设立的宗旨和基本任务奠立了基础。

(3)工业企业是实行独立核算、自负盈亏的经济组织

这一特征表明了它在经济上的独立性和营利性。独立性是指工业企业在经济上是独立的，有自己可支配的财产，有自己独立的利益，实行独立核算、自负盈亏。这些也正是我们经济体制改革的关键问题和基本目标。这一特性使它与事业单位和内部组织等区别开来。

营利性是指工业企业在自己的生产经营活动中，应不断地创造价值、获取利润、增加积累。工业企业从其成立的宗旨和本质看，不仅要在使用价值上满足社会需要，而且要实现价值的增值，要创造利润。社会主义工业企业也是要讲究经济效益的。

(4)工业企业是能够享受经济权利、承担经济义务的法人

这一特征表明了它在法律上的独立性和法人性。法律上的独立性是指它是法律上的主体，能够独立地享受经济权利、承担经济义务。法人性是指它依法取得企业法人资格，受到国家的承认和保护。

2. 工业企业的分类

(1)按工业企业的经济性质分

按工业企业的经济性质分又有多种分法。如按生产过程可分为原料工业企业、加工工业企业和装配工业企业，又如按行业和产品可分为重工企业和轻工企业。

(2)按工业企业的组织结构形式及其复杂程度分

①单一企业(单厂企业)。即一个工厂就是一个企业。它由统一的管理机构和在生产技术工艺上有密切联系的若干车间、工段、班组所组成，全厂统一经营、统一核算盈亏、统一对外联系。

②联合企业。由两个或两个以上性质相同或生产、劳动、技术、工艺过程密切相连的工厂企业所组成的经济联合体。

(3)按工业企业的生产规模分

工业企业按规模可分为大型工业企业、中型工业企业、小型工业企业

和微型工业企业。

以什么标准区分大中小型企业，各国规定不一。我国国家统计局关于印发《统计上大中小微型企业划分办法(2017)》的通知中，工业企业按照从业人员的数量作为标准将工业企业划分为大型工业企业、中型工业企业、小型工业企业和微型工业企业。从业人员大于等于1000人的企业为大型工业企业，从业人员大于等于300人、小于1000人的为中型工业企业，从业人员大于等于20人、小于300人的为小型工业企业，从业人员小于10人的为微型工业企业。

(4)按企业的生产资料所有制分

在我国，可分为全民所有制工业企业、集体所有制工业企业(城镇集体所有制企业、乡村集体所有制企业)、私营企业、外商投资企业(中外合资经营企业、中外合作经营企业、外商独资企业)。

(二)商业企业

商业企业通过买卖商品赚取净利润，通常可以分为批发企业和零售企业两种。

批发企业是一种中介机构，它们从制造企业或者其他批发企业那里购买商品，然后再把商品转售给零售企业或者其他批发企业。零售企业也是一种中介机构，它们从制造企业或者批发企业那里购买商品，然后再将商品转售给消费者。很多零售企业既销售商品，又提供服务。

商业企业一般具有以下特征。

1. 以商品的购、销、运、存为基本业务

商业企业的这一特征是与工业企业比较而言的。工业企业主要是借助机器和机器体系对原材料进行加工，使之生产出符合社会生产和人民生活需要的产品。而商业企业则主要是通过对商品的购进和销售以及因此而必需的运输和储存业务，完成商品由生产领域到消费领域转移的过程，满足消费的需要。商品的购进、运输、储存、销售也是流通过程中的四个基本环节。它们在流通过程中各自处于不同的地位，起着不同的作用。合理组织商品流通的四个基本环节，是实现流通的基本要求，是提高流通

经济效益的重要途径，也是商业企业的基本职能。

2. 对经营的商品基本上不进行加工或只进行浅度加工

在通常情况下，商业企业的主要职能是组织商品的流通，实现商品的使用价值和价值。与工业企业不同，它们对经营的商品基本上不进行加工或只进行浅度加工。大部分商品，特别是生产资料中的机电产品和大部分消费品，经过流通过程，其使用价值和外部形态不发生变化。

随着流通规模的扩大，为解决生产的“少品种、大批量、专业化”与消费多样化之间的矛盾，流通加工发展较快。从开始时的装袋、分包、贴标签、折弯、打眼等简单形式，按照用户需要进行高级和复杂加工形式发展。

3. 实现商品使用价值的运动和价值形态的变化

工业企业通过对原材料和半成品进行加工、制造，改变其内部结构、外部形态和物理化学性能，从而形成新的使用价值。在该过程中付出的活劳动也物化到产品中去，创造出新的价值。商品进入流通领域后，商业企业通过购进、运输、储存、销售等一系列流通活动，将商品由工业企业转移到消费者或用户手中，完成商品的空间位移和价值形态变化。商品的使用价值保持不变，商品的价值在商流（购进和销售）中也保持不变。在这一过程中，商业企业要投入一定的物化劳动和活劳动，从而发生一定的流通费用。

4. 商业企业的“商业利润”主要来自工业企业的让渡

商业企业的利润由让渡利润、追加利润、级差利润、转移利润和管理利润构成，而让渡利润是基本形式和最主要的组成部分。

从形式上看，商业利润表现为商品售卖价格高于购买价格的余额，它似乎是在流通领域内产生的。但事实上，资本在流通领域内是不能自行增值的。流通中单纯的加价绝对不是商业利润的真正源泉，而只能是商业企业获取商业利润的方式。由于商业企业专门为工业企业经营推销商品的业务，为工业企业节约了大量的商品流通费用，加速了资金的周转，因此，工业企业就必须把一部分利润让渡给商业企业，作为商业利润。这一让渡是由商品的价格差额来实现的。即工业企业按照生产价格把商品卖给流通企业，商业企业再按商品的批发价格或零售价格把商品出售给消费者，从而获得商业利润。[①]

工业企业向商业企业让渡商业利润是在双方的竞争中实现的。竞争的结果是双方的资金利润率趋向平均，让渡顺利进行。如若工业企业的平均资金利润率高于商业企业的平均资金利润率，资金就会向工业企业转移，导致流通萎缩；如若工业企业的平均资金利润率低于商业企业的平均资金利润率，资金就会向商业企业转移，导致流通规模的扩大。

5. 经营周期短，资金周转快

和工业企业比，商业企业不需要加工、生产，只是负责商品的运输、流通，因此经营周期短，资金周转也快。

6. 商业企业比工业企业更接近市场

消费者一般都是从商业企业处购买商品，因此，商业企业比工业企业更接近市场。

三、管理

（一）管理的起源

管理是人类社会活动和生产活动中普遍存在的社会现象，人类文明程度及其社会性发展到一定阶段便出现了管理。

认识管理应该从管理的源头开始，管理实践活动已存在了上千年，几乎与人类历史一样悠久。早在原始社会，人们为了抵御恶劣的自然环境就形成了以血缘关系为基础的氏族部落，从事集体劳动并共同生活。推选出的部落首领负责安排狩猎等组织活动，进行简单的分工协作，猎取的食物按照一定的规则在成员间进行分配等，这些维持共同生活的组织活动就是管理实践，虽然处于原始的自发状态，但其本质与今天的管理并无差异。

① 阮文波．双一流背景下工商管理基本理论与实践应用研究[J]．经济与社会发展研究，2020(22)：118．

人类的管理实践活动基本与人类的出现同步，并在人类的各种组织，如家庭、民族、宗教、企业和国家中发挥着获取发展、促进成长的作用。组织中的成员要想实现分工协作，达到预期目标，必须对参与分工协作的成员的行为、利益等进行协调，使成员能够心往一处想、劲往一处使，取得1+1>2的效果。管理是协作的客观需要，共同劳动涉及的范围越广，管理工作就越复杂。

马克思对于这种人类特有的活动进行过十分精确的描述："一切规模较大的直接劳动或共同劳动，都或多或少地需要指挥，以协调个人的活动，并执行生产总体的运动一不同于这一总体的独立器官的运动所产生的各种一般职能。一个单独的提琴手是自己指挥自己，一个乐队就需要一个乐队指挥。"虽然马克思在这段名言中没有提及"管理"一词，但十分清晰地描述了人们基于群聚活动建立具有共同目标的组织之后，就必然出现指挥的工作来协调人们的活动。这是一种新的社会职能，它不同于这个群体活动中每个人所干的具体工作，而是一种以协调个人活动以取得总体目标的社会职能。显然，这种指挥的工作就是我们这里所说的管理活动了。18世纪下半叶，从英国开始的工业革命，导致工厂制度的出现，孕育和发展出一批大型企业组织，规模经济成为竞争的重要战略方向。但现代意义上的社会大生产带来了一系列新的管理问题，正如管理思想史学者丹尼尔·雷恩指出的："新兴工厂体制提出了不同以往的管理问题。教会能够组织和管理其财产，是因为教义以及忠诚信徒的虔诚；军队能够通过一种严格的等级纪律和权威控制大量人员；政府官僚机构能够在无须面对竞争或获得利润的情况下运转。但是，新工厂体制下的管理者无法使用上述任何一种办法来确保各种资源的合理使用配置。"

（二）管理的含义与要素

1. 管理的含义

管理最初是掌管事务，传说黄帝时代设百官，"百官以治，万民以察"，百官就是负责主管各方面事务的官员。管理一词出现很早，既可以是动词，也可以是名词。如"万历中，兵部言，武库司专设主事一员管理武学"，其中管理为动词。如“东南有平海守御千户所，洪武二十七年九月置。又有内外管理，又有用一检司”，其中的管理为名词，表示官职。英语中，管理是 manage（动词）、management（名词），management 既可表示管理，也可以表示管理人员。此外，管和理都有表示管理经营的意思，如《水浒》中“如今叫我管天王堂，未知久后如何”，《柳敬亭传》中“贫困如故时，始复上街头理其故业”。管理表示掌管、管领、管摄、管主、管治、治理、经理的意思。

“科学管理之父”弗雷德里克·泰罗认为：“管理就是确切地知道你要别人干什么，并使他用最好的方法去干。”在泰罗看来，管理就是指挥他人能用最好的办法去工作。

诺贝尔奖获得者赫伯特·西蒙对管理的定义是：“管理就是制定决策”。（《管理决策新科学》）

亨利·法约尔在其名著《工业管理与一般管理》中给出管理概念之后，产生了整整一个世纪的影响，对西方管理理论的发展具有重大的影响力。法约尔认为：管理是所有的人类组织都有的一种活动，这种活动由五项要素组成：计划、组织、指挥、协调和控制。法约尔对管理的看法广受后人的推崇与肯定，形成了管理过程学派。孔茨是“二战”后这一学派的继承与发扬人，使该学派风行全球。

斯蒂芬·罗宾斯给管理的定义是：“所谓管理，是指同别人一起，或通过别人使活动完成得更有效的过程。”

彼得·德鲁克认为：“管理是一种工作，它有自己的技巧、工具和方法；管理是一种器官，是赋予组织以生命的、能动的、动态的器官；管理是一门科学，一种系统化的并到处适用的知识；同时管理也是一种文化。”（《管理：任务、责任、实践》）

因此，管理是在特定的环境下，对组织所拥有的资源进行有效的决策、组织、领导、控制和创新，以便达成既定的组织目标的过程。

2. 管理的要素

管理有五个要素，主要如下：

(1)管理主体:行使管理的组织或个人,有政府部门和业务部门。

(2)管理客体:管理主体所辖范围内的一切对象,包括人群、物质、资金、科技和信息五类,人群为基本对象。

(3)管理目标:管理主体预期要达到的新境界,是管理活动的出发点和归宿点,要反映上级领导机关和下属人员的意志。

(4)管理方法:管理主体对管理客体发生作用的途径和方式,包括行政方法、经济方法、法律方法和思想教育方法。

(5)管理理论:管理的规范和理论。

(二)管理的特点和内容

1.管理的特点

管理是普遍、普通的社会现象之一,是一项最重要的社会活动,是一种文化现象。管理工作是活力与创造性兼备的行为,同时具备科学性和艺术性的特点。

管理的科学性首先是指有效的管理必须有科学的理论方法来指导,要遵循管理的一般原则与原理,只有按照管理活动本身所蕴含的客观规律办事,管理的目标才能实现。其次,管理的科学性是指一门科学,是由一系列概念、原理、原则和方法构成的科学体系,有它的内在规律性。也就是说,在人类管理活动的长河中,人们通过总结管理实践中大量的成功经验及失败的教训,已经归纳、抽象出管理的一些基本原理、原则和方法。这些原理、原则和方法较好地揭示了一系列具有普遍应用价值的管理规律,遵循这些管理规律办事,管理活动的效率就能大大提高,组织的目标就容易实现。

管理的艺术性是指灵活运用管理理论知识的技巧和诀窍,由于管理对象的复杂性和管理环境的多变性,决定了管理活动不可能有“放之四海而皆准”的固定不变模式,管理者应当结合所处环境创造性地运用所掌握的管理理论知识。具体来说,管理的艺术性是由这样两个因素决定的:其一是管理的环境;其二是管理的主要对象人所具有的主观能动性和感情。人的主观能动性体现在人能够积极地思维,能够自主地做出行为决定,这不同于无生命的物质。另外，人是有感情的动物，感情的变化虽然有一定的规律性，但也最捉摸不定，难以预料。不同的人对同样的管理方式、方法可能会产生截然不同的反应和行为，这决定了管理者只有根据具体的管理目的、管理环境与管理对象，创造性地运用管理理论知识与技能去解决所遇到的各种实际问题，管理才可能获得成功。

管理是科学性与艺术性的统一，管理的科学性是管理艺术性的基础，管理需要科学的理论做指导，管理艺术性的发挥必然是在科学理论指导下的艺术性发挥，离开了管理的科学性，艺术性就会变成简单的感觉与经验，就不能成为真正的艺术，就很难实现有效的管理。管理的艺术性是管理科学性的升华，离开了管理的艺术性，科学性就会变成僵化的书本教条，也难以发挥其作用。因为，管理理论是对大量的管理实践活动所做的一般性的概括和抽象，具有较高的原则性，而每一项具体的管理活动都是在特定的环境和条件下展开的，具有相对的特殊性。只有创造性地灵活运用管理知识，才能使理论服务于实践。

2. 管理的内容

(1)管理体系

管理包罗万象，渗透在各个领域，凡是有人群活动的地方，就有管理。上至整个社会、一个国家，下到每个家庭和每个人，都离不开管理。

(2)管理手段

社会是个庞杂的大系统，千头万绪，怎样管理？管理学家们提出机构、法、人和信息四种管理手段。

①机构，是使管理对象构成系统的组织结构。没有机构就组织不成系统。不成系统便无法管理。

②法，政策与法律来源于管理目标。在管理活动中，它规定被管理的人哪些应该做，哪些不应该做，是人们的行动准则。

③人，是管理中最活跃的因素。机构是人组成的，管理职权是人行使的，政策与法是人制定的。发挥人的积极性和创造性是搞好管理的重要手段。

④信息，不利用信息，就不知道事物的发展形势，就会造成管理的盲目性，它是管理的重要工具。

(3)管理对象

管理对象主要有五个：人、财、物、时间和信息。

①人，是社会财富的创造者、物的掌管者、时间的利用者和信息的沟通者，是管理对象中的核心和基础。只有管好人，才有可能管好财、物、时间和信息。

②财，是人类衣、食、住及其进行交往的基础。管理者必须考虑运用有限的财力，收到更多的经济效益。

③物，是人类创造财富的源泉。管理者要充分合理和有效地运用它们，使之为社会系统服务。

④时间，反映为速度、效率。一个高效率的管理系统，必须充分考虑如何尽可能利用最短的时间，办更多的事。

⑤信息，只有管理信息，及时掌握信息，正确地运用信息，才能使管理立于不败之地。

(4)管理职能

管理职能是指管理承担的功能，现在最为广泛接受的是将管理分为四项基本职能：计划、组织、领导、控制。法约尔最初提出把管理的基本职能分为计划、组织、指挥、协调和控制。后来，又有学者认为人员配备、领导、激励、创新等也是管理的职能。何道谊《论管理的职能》依据业务过程把管理分为目标、计划、实行、反馈、控制、调整六项基本职能，加之人力、组织、领导三项人的管理方面的职能，系统地将管理分为九大职能。

(三)管理的分类

管理可以分为很多种类的管理，比如行政管理、社会管理、工商企业管理、人力资源管理、情报管理等。在现代市场经济中工商企业的管理最为常见。每一种组织都需要对其事务、资产、人员、设备等所有资源进行管理。每一个人也同样需要管理，比如管理自己的起居饮食、时间、健康、情绪、学习、职业、财富、人际关系、社会活动、精神面貌(包括穿着打扮)

等。企业管理可以分为几个分支：人力资源管理、财务管理、生产管理、物控管理、营销管理、成本管理、研发管理等。在企业系统的管理上，又可分为企业战略、业务模式、业务流程、企业结构、企业制度、企业文化等系统的管理。

就管理主体的承担者而言可分为宏观管理和微观管理，宏观管理是政府部门，微观管理是业务部门，微观管理是宏观管理的基础；就管理客体的活动属性而言可分为社会管理、经济管理和文化管理，经济管理是基础，卫生事业管理总的来说属社会管理范畴；就管理主体的管理方式而言可分为决策管理和实施管理，二者互相渗透，决策是管理的核心。

管理不仅仅指工商管理，虽然在现代市场经济中工商企业的管理最为常见。除了工商管理，还有很多种类的管理，比如行政管理、经济管理、社会管理、城市管理、卫生管理等。每一种组织都需要对其事务、资源、人员等进行管理。在市场经济法治化越来越重要的时候，又诞生了一个新的管理学派法商管理学派。

四、工商管理

（一）工商管理的含义

工商管理是依据管理学、经济学的基本理论，运用决策、组织、领导、控制和创新等一系列管理职能以及现代管理的方法和手段来协调人力、物力和财力等各方面的资源，对工商企业进行经营决策和有效管理的过程。

可以从以下三个方面深入理解工商管理的含义。

1. 工商管理是运用决策、组织、领导、控制和创新等管理基本职能以及现代管理的方法和手段的基本活动。每个管理者工作时都是在执行这些职能中的一个或几个。

2. 工商管理的对象是协调工商企业的人力、物力和财力等各方面的资源。所谓协调是指同步化与和谐化。一个组织要有成效，必须使组织中的各个部门、各个单位，直到各个人的活动同步与和谐，组织中人力、物力和财力的配备也同样要同步、和谐。只有这样才能均衡地达到多元的组织目标。

3.工商管理的根本目的是使整个组织活动更加富有成效,对工商企业进行有效的管理和经营决策。

(二)工商管理的发展阶段

工商管理的发展大体经历了三个阶段。

1.第一个阶段:18世纪末—19世纪末的传统管理阶段

这一阶段出现了管理职能同体力劳动的分离,管理工作由企业投资者个人执行,其特点是一切凭个人经验办事。

2.第二个阶段:20世纪20—20世纪40年代的科学管理阶段

这一阶段出现了投资者同管理人员的分离,管理人员总结管理经验,使之系统化并加以发展,逐步形成了一套科学管理理论。

3.第三个阶段:20世纪50年代以后的现代管理阶段

这一阶段的特点是:从经济的定性概念发展为定量分析,采用数理决策方法,并在各项管理中广泛采用电子计算机进行控制。

(三)工商管理的职能分类

工商管理按照职能可以分为以下几类。

1.决策与计划管理

决策与计划管理通过预测、规划、预算、决策等手段,把企业的经济活动有效地围绕总目标的要求组织起来。决策与计划管理体现了目标管理。

2.生产管理

生产管理是通过生产组织、生产计划、生产控制等手段,对企业生产系统的设置和运行的各项管理工作的总称。其内容包括以下几个方面。

(1)生产组织工作。即选择厂址、布置工厂、组织生产线、实行劳动定额和劳动组织、设置生产管理系统等。

(2)生产计划工作。即编制生产计划、生产技术准备计划和生产作业计划等。

(3)生产控制工作。即控制生产进度、生产库存、生产质量和生产成本等。

3. 经营管理

经营管理是指在企业内，为使生产、营业、劳动力、财务等各种业务，能按经营目的顺利地执行、有效地调整而进行的系列管理、运营的活动。

4. 财务管理

财务管理是在一定的整体目标下，关于资产的购置（投资），资本的融通（筹资）和经营中现金流量（营运资金），以及利润分配的管理。财务管理是企业管理的一个组成部分，它是根据财经法规制度，按照财务管理的原则，组织企业财务活动，处理财务关系的一项经济管理工作。简单地说，财务管理是组织企业财务活动、处理财务关系的一项经济管理工作。

5. 成本管理

成本管理是企业生产经营过程中，围绕企业所有费用的发生和产品成本的形成，进行的各项成本核算、成本分析、成本决策和成本控制等一系列科学管理行为的总称。成本管理一般包括成本预测、成本决策、成本计划、成本核算、成本控制、成本分析、成本考核等职能。

6. 研发管理

研发管理就是在研发体系结构设计和各种管理理论基础之上，借助信息平台对研发过程中进行的团队建设、流程设计、绩效管理、风险管理、成本管理、项目管理和知识管理等进行的一系列协调活动。

7. 营销管理

营销管理是指为了实现企业或组织目标，建立和保持与目标市场之间的互利的交换关系，而对设计项目的分析、规划、实施和控制。营销管理的实质是需求管理，即对需求的水平、时机和性质进行有效的调节。在营销管理实践中，企业通常需要预先设定一个预期的市场需求水平，然而，实际的市场需求水平可能与预期的市场需求水平并不一致。这就需要企业营销管理者针对不同的需求情况，采取不同的营销管理对策，进而有效地满足市场需求，确保企业目标的实现。

8. 物资管理

物资管理是指企业在生产过程中，对企业所需物资的采购、使用、储备等行为进行计划、组织和控制。

9. 设施管理

设施管理以保持业务空间高品质的生活和提高投资效益为目的，以最新的技术对人类有效的生活环境进行规划、整备和维护管理的工作。它将物质的工作场所与人和机构的工作任务结合起来，综合了工商管理、建筑、行为科学和工程技术的基本原理。

10. 质量管理

质量管理是指为保障、改善制品的质量标准对企业的生产成果进行监督、考察和检验等各种管理活动。质量管理不仅包括在制品的制造现场所进行的质量检查，还包括在非生产部门为提高业务的执行质量所进行综合性的质量管理。

11. 品牌管理

品牌管理是管理者为培育品牌资产而展开的以消费者为中心的规划、传播、提升和评估等一系列战略决策和策略执行的活动。

12. 人力资源管理

人力资源管理是在经济学与人本思想指导下，通过招聘、甄选、培训、报酬等管理形式对组织内外相关人力资源进行有效运用，满足组织当前及未来发展的需要，保证组织目标实现与成员发展的最大化。人力资源管理就是预测组织人力资源需求并做出人力需求计划、招聘选择人员并进行有效组织、考核绩效支付报酬并进行有效激励、结合组织与个人需要进行有效开发以便实现最优组织绩效的全过程。

人力资源管理一般分为六大模块，即人力资源规划、招聘与配置、培训与开发、绩效管理、薪酬福利管理、劳动关系管理等。

第二节　工商管理专业解析

一、专业情况概览

(一)专业定义

工商管理也称作工商企业管理或者企业管理，属于管理学大类，是研究工商企业经济管理基本理论和一般方法的学科。其目标是依据管理学基本理论，通过运用现代管理的方法和手段来进行有效的企业管理和经营决策，保证企业的生存和发展。

工商管理专业最大的特点是综合性和应用性强，主要涉及的专业领域包括管理学、经济学、财务管理、市场营销、人力资源管理、战略管理、国际商务等。近些年，越来越多的院校开始以"工商管理大类"招生，学生入学后可根据自己的兴趣分流到具体的专业。

工商管理专业素来是比较热门的高校专业之一，但实际上大多数报考考生对该专业并没有完整的认知。工商管理专业虽然涉及的课程和领域广泛，但是这些课程的设计安排有其内在逻辑，上述各类课程主要可以分为企业经营战略制定和内部行为管理两个方面。企业经营战略管理主要从宏观上关注企业的战略层次，规划企业未来发展，而内部行为管理则包括营销管理、人力资源管理、财务管理等保证企业正常运作所必需的组成部分。[①]

（二）专业发展

从世界范围讲，管理科学的发展已有近百年的历史。工商管理学起源于美国，由于当时市场经济得到迅速发展、企业规模日益扩大、经营日趋复杂，迫切需要训练有素的经营管理人才，于是工商管理学科应运而生。宾夕法尼亚大学于 1881 年首创金融商业学院，设立了商业管理学科。1911 年，"科学管理之父"弗雷德里克·温斯洛·泰勒出版了《科学管理原理》，提出了工人激励政策、区分计划职能和执行职能等理论，将原本偏向于经验式的管理工作方法转变成了一门有理论依据的管理科学。

20 世纪 20 年代末到 30 年代初，全球经济危机促使管理学学者们开始关注造成企业效率下降的影响因素。马斯洛需求理论、赫茨伯格的双因素理论、麦克莱兰的激励需求理论、麦格雷戈的"X 理论""Y 理论"等大量先进的科学管理理论于此阶段产生，极大地推动了工商管理学科的发展。

① 全国经济专业技术资格考试参考用书编委会.工商管理专业知识和实务中级重点难点详解[M].北京：中国人事出版社，2023.

随着全球经济环境的不断复杂化，企业获取竞争优势的难度日益增加，因此20世纪60年代末到70年代初，来自战争的词汇——“战略”被引入管理学界。战略管理是目前工商管理专业中非常重要的组成部分之一，从更宏观、综合的角度对企业全部经营活动进行根本性和长远性的规划与指导，动态地、连续地关注企业从决策到实现的全部过程。

在中国，早在1916年中华书局就出版了由穆湘玥先生翻译的“科学管理之父”泰勒的《科学管理原理》一书。20世纪50年代我国实行高度集中的计划经济模式，企业管理体现了计划经济的特征。改革开放后，随着经济体制改革的深入发展，我国逐渐从计划经济向社会主义市场经济转变，企业成为社会经济的主体。企业的发展，依赖于管理的科学化、现代化，迫切要求培养大量高层次的经营管理人才。于是改革开放以来，我国工商管理人才的培养得到了重视和加强，并于80年代中期以后走上了快速、健康发展的道路。

二、本科课程介绍

(一)培养目标

工商管理专业旨在培养能适应经济社会发展和各种管理岗位的需要，并系统地掌握经济学和管理学基本原理，熟悉企业管理、市场营销、财务管理等方面知识的工商管理学科高级专门人才。要求学生既要拥有良好知识结构，也要具备较高的管理素质，具有概览全局、良好的人际沟通、团队合作以及分析和解决实际问题的能力。

工商管理专业学生毕业后，能够在企业从事行政管理、战略规划、市场营销、人力资源管理等工作，也可以进入政府部门、事业单位从事相关管理工作。

(二)学习内容

1. 大类一：管理学类课程

管理类课程是工商管理专业学生最主要的专业学习内容，其主要课程包括管理学基础、营销管理、人力资源管理、财务管理、战略管理等。

管理学基础是管理学的入门课程，围绕企业管理的五个职能展开，即计划职能、组织职能、人事职能、领导职能和控制职能，系统全面地阐述各个职能所包含的理论原理和操作过程。通过课堂讲授、案例讨论、考试等形式，使学生基本了解和熟悉管理学的基础理论、主要方法和分析框架。

市场营销可以理解为对顾客的管理，关注如何创造、建立和保持与目标市场之间的联系。市场营销管理过程主要可以分为市场营销计划、市场营销组织和市场营销控制三个阶段，涉及包括市场分析、营销观念、市场营销信息系统与营销环境、消费者需要与购买行为、市场细分与目标市场选择等理论。

人力资源管理是对企业中人的管理，通过招聘、甄选、培训、报酬等管理形式对组织内外人力资源进行有效运用，从而最大化地实现组织目标和成员发展。在具体学习过程中，学术界一般将人力资源管理分为人力资源规划、招聘与配置、培训与开发、绩效管理、薪酬福利管理和劳动关系管理六大板块。

财务管理是基于企业会计资料对企业资产的全面管理。在此类课程学习中，学生需要了解掌握会计学的基本知识，如分类账户及其登记、记账凭证、账项调整和结转、财产清算、会计职业道德等。同时从宏观的角度上，了解企业资本结构、制作资本预算、进行资产估值和营运资本管理等。

战略管理是对企业在一定时期内，全局的、长远的发展方向、目标、任务等进行决策和管理，是贯穿企业从决策到具体执行的综合管理过程。学习内容包括企业战略层次、战略管理的特点、战略管理的过程以及战略管理的作用等。战略管理的学习强调理论与实际应用并重，通常会结合实际案例进行案例教学与分析。

2. 大类二：经济学类课程

西方经济学是管理类专业的必修基本课程之一，主要分为微观经济学和宏观经济学。微观经济学关注消费者如何在劳动市场上获得收入、分配收入以及如何进行有效的资源配置；宏观经济学则关注长期经济增长、宏观环境下的经济运行、货币政策和财政政策、通货膨胀和失业问题等。对于工商管理专业的同学而言，主要需要掌握经济学的基本概念和原理，培养对现实世界经济行为与经济现象的观察能力，训练经济学直觉。

此外，如果学生对经济学感兴趣，可以选修中级微观经济学、中级宏观经济学、政治经济学、计量经济学等课程。经济类选修课是在经济学原理上进阶的，中级微观经济学和中级宏观经济学在经济学基本理论的基础上，从当代经济学领域出发，分析经典理论及其实际应用。同时，计量经济学、行为经济学、政治经济学分别与统计学、社会学、政治学学科进行学科交叉，从不同维度探索经济规律。

3. 大类三：金融学和会计学类课程

工商管理专业学生可选修金融学和会计学类课程，从而更好地理解企业资产和财务管理。金融类课程主要包括公司金融、投资学等课程，主要教授金融和投资等领域的基本概念以及分析技巧，帮助学生深入理解企业财务报表、现金流以及股票、债权、金融衍生品等金融工具。会计学类课程包括会计学原理、管理会计、审计学等，主要讲授基本的会计概念与会计原则，让学生在实践中学习如何分析、记录、报告企业财务信息，并学习如何独立制作和分析企业财务报表。

4. 大类四：专业实习类课程

工商管理专业学生一般需要完成累计至少八周的专业实习。通过专业实习环节，学生一方面可以了解实习单位的基本运作，尝试从学习到实际工作的角色转换，熟悉社会和工作环境；另一方面在实际工作中运用所学知识，整合自己的知识体系，提高提出问题、分析问题和解决问题的能力。

（三）毕业要求

工商管理专业的毕业生必须掌握管理学、经济学的基本原理和现代企业管理的基本理论和基本知识；掌握企业管理的定性、定量分析方法，了解本学科的理论前沿和发展动态；熟悉我国企业管理的有关方针、政策和法规以及国际企业管理的惯例与规则；掌握文献检索、资料查询的基本方法，具有初步的科学研究和实际工作能力。

同时，工商管理专业也应具备较强的综合竞争力，具有较强的语言与文字表达及管理能力、良好的人际沟通能力，具有分析和解决企业实际问题的基本能力，明确职业道德规范，具备较高的职业道德意识以及个人修养。

三、毕业方向说明

（一）主流出路一：继续深造

对工商管理专业的同学而言，由于本科课程的学习较泛且浅，因此很多同学会选择继续研究生阶段的学习。

研究生专业从培养形式上来说主要分为两大类，一类是学术型硕士，另一类则是专业型硕士。我们比较熟悉的工商管理硕士，也就是所谓的MBA，是一种专业硕士学位。MBA旨在培养能够胜任工商企业和经济管理部门高层管理工作需要的务实型、复合型和应用型高层次管理人才。因此，其招生对象一般为具有三年以上工作实践经验的管理人员，在培养过程中更加注重实践性和实战训练。而本科应届毕业生可以选择直接攻读学术型硕士学位，对不同工商管理类的学科，如市场营销、人力资源管理、财务管理、会计学、金融学、经济学等，进行更深入的理论学习。

（二）主流出路二：工作就业

工商管理又被称为企业管理，因此实业企业的管理岗位可以说是工商管理专业学生最对口的工作岗位之一。具体的管理岗位包括行政管理、人力资源管理、市场营销、战略规划等部门。目前许多国际型企业都会有管理培训生计划，旨在为企业储备高级管理人才，是一个发展前景非常明朗的就业选择。入选的管理培训生会通过1～2年的轮岗，对企业整体运转有一个全面完整的认知，为之后进行企业管理打下基础。

由于实业企业覆盖的领域非常广泛，包括快速消费品、汽车、食品、电子产品等，而各领域之间的差异较大，因此毕业生的第一份职业相当重要。也就是说如果学生毕业后进入了汽车行业，那么在未来如果想要进入其他领域会比较困难，这是实业企业就业中存在的问题。另外，除了企业管理培训生计划外，实业企业工作相对比较固定，应届毕业生需要从底层做起，一开始会接触许多基础繁杂的行政工作，经过一定时间的积累后才能晋升成为企业中高层的管理人员，成长性不如咨询公司、市场调研公司和事务所。

咨询公司是工商管理专业学生较好的就业方向，薪酬高、工作压力大、成长性强，应届毕业生一入职就可以接触比较核心的商业战略和管理工作。咨询公司的种类也很多，包括战略咨询、管理咨询、投资咨询、人力资源咨询等。相应的，进入咨询公司的门槛也比较高：首先，本科院校至少要是排名靠前的院校；其次，要有比较强的综合素质和商业分析能力，在面试过程中同学们往往要进行无领导小组讨论来模拟实际商业问题解决的过程；再次，丰富的实习经验也必不可少，同学们可以尝试着寻找咨询公司 PTA(Part－time Assistant，兼职助理)的实习机会。

政府部门或事业机关是工商管理专业学生比较传统的就业方向，可以通过考国家公务员或地方公务员，寻求一份稳定的工作。但值得注意的是，目前很多政府机关对学历的要求日益提升，会比较倾向于拥有研究生学历的毕业生。

第二章 工商管理教育概述

第一节 工商管理教育的基本特点

任何一门比较成熟的学科教育一般具有比较稳定的体系,这一体系必然表现出不同于其他学科教育的基本特点或特征。这是该学科教育区别它学科教育的根本点,也是该学科教育独立存在的生命力之所在。那么,工商管理教育具有哪些基本特点呢?

工商管理教育作为整个高等教育的一个组成部分,在教育本质、教育职能、教育规律、教育原则等方面与一般高等教育或其他领域的高等教育具有共性的一面,也就是说,工商管理教育具有高等教育共同的一些基本特点,譬如。

第一,作为第三级教育,是建立在中等教育的基础之上的高等院校级教育,其传授的科学文化知识具有高度的概括性、抽象性和前沿性,反映了其学科领域在国内外的高新尖水平,与中等教育相比,其教学内容具有深、专、广、难的特征,而且其课程体系比较完整,教学要求比较严格。

第二,以育人为中心,但并不以培养公民具有的基本素质为主要目标,而是以培养学科领域的高级专门人才为宗旨。

第三,教育结构复杂,存在着多层次、多样化、多规格的办学形式。例如,按教育类别,有学历教育和非学历教育或学位、文凭、证书教育之分:按教育层次可分为本科、硕士、博士教育;按学制分,有本科四年制、五年制，硕士有一年制、一年半制和两年制、三年制：按学生来源分，有应届生教育、在职人员的继续教育等之分。

概而言之，现代工商管理教育与其他领域的高等教育一样，具有现代高等教育的本质特征，即它是有序地培养高层次专门人才的一种社会活动。这一本质特征决定了其教育活动的非营利性、有序性、长期性和整体性，同时也决定了其跨时空性，即既要传递昨日的文明，又要满足今日社会的需求，更要面临明天的挑战；既要具有国别特色，反映本国国情，又要顺应世界潮流。

但特征是该事物区别于其他事物的个性。我们这里要着重研究的是工商管理教育与一般高等教育或其他领域的高等教育如工程高等教育、师范高等教育、文史类高等教育等相区别的个性特点。与一般高等教育或其他领域的高等教育相比，工商管理教育明显地表现出以下三个基本特征，即工商管理教育的应用性、综合性和国际性。

一、应用性

教育与经济的关系决定了工商管理教育必须为经济建设服务，为企业管理服务。工商管理教育只有强有力地表现出应用性，才能充分地发挥其服务功能。同时，工商管理教育自身的特点，也使其明显地表现出应用性。事实上，工商管理教育的诞生是作为管理学院管理教育的一个管理专业而诞生的。管理学的职能是研究如何充分开发和利用社会劳动自然力的专门学问。它相对于其他社会科学来说，具有与生产力更加紧密的直接性联系，是社会科学中最有活力和应用潜力的学科门类，管理教育也就是促进科技和社会经济发展的应用性教育。因此，从工商管理教育的诞生时起，它就打上了其母体——管理教育应用性的烙印。这就使得工商管理教育在其演变和发展过程中始终体现着管理特色，培养的是一种应用型管理人才。

即使在管理教育这个大家族中，工商管理教育与其他管理教育如文科管理教育、理学管理教育等相比，工商管理教育更好地反映了市场经济的需要。它以企业运作作为自己的研究对象，着重研究企业原材料采购、生产组织和市场营销等与企业密切相关的经营管理活动，着重为企业的经营管理培养人才。这些人才属于应用型人才。因此，以培养应用人才为宗旨的工商管理教育突出地表现出应用性。从一些国家的工商管理教育实践来看，工商管理教育的这种应用性，集中表现在以下几个方面。

（一）表现在培养目标方面

工商管理教育的应用性鲜明地体现在其人才培养的定位上，它主要为工商企业培养使用人才。纵观世界各国的工商管理教育，培养的都是一种务实性的企业管理人才。例如，美国工商管理硕士（Master of Business Administration，MBA）是为公司企业或非营利部门培养专业化的高级管理人才的。目标是培养高质量的、处于领导地位的工商管理人员，使他们掌握生产、财务、金融.营销、经济法规、国际商务等基本知识和现代管理手段，培养他们在岗位上综合运用这些知识和手段开展经营管理活动的能力。我国在关于进行工商管理硕士学位试点工作的有关文件中明确指出，工商管理硕士与现在我国培养的经济学、工学门类的管理专业硕士是不同规格的人才，旨在培养符合我国经济建设需要的工商企业和经济管理部门的中级以上的管理人才。

（二）表现在课程设置方面

工商管理教育培养应用型管理人才是通过其课程设置来达到培养目标的。开展工商管理教育的各国在工商管理教育的课程体系的设置上，一般都以市场为导向，以企业为本位，紧紧围绕企业实际组织教学。这明显地表现在工商管理专业往往根据企业的各种职能，如企业生产、财务会计、市场营销、人事管理等来设置相关课程，以帮助学生掌握企业管理的基本理论和基本概念，掌握进行决策所必需的基本分析手段和技能以及开展国际化经营的相关技能与知识。

（三）表现在教学环节方面

注重实践性教学环节是工商管理教育的应用性的又一个具体表现。

在欧美发达国家的工商管理人才的培养过程中，实践性教学尤其是实习环节与其他领域的人才培养过程相比得到了高度的重视。国外的一些工商管理教育者认为，实习有利于训练学生的实际能力，也有利于缩短学生走上工作岗位后适应工作的时间。因为，通过实习锻炼，可为学生们提供一定的场所和机会，使他们在学习期间能了解企业实际的生产过程、工作方法及步骤，使工作能力得到一定的培养和锻炼，为今后尽快地熟悉和适应所担负的工作做好充分的准备。例如，加拿大的麦克麻斯特大学商学院与公司企业合作培养 MBA，学生们在两年半的时间里，一学期在校上课学习，一学期到公司参加实际工作，学习与工作实习交替进行。法国的一些商学院近年来推出学徒制，学生较长一段时间的学习与实践要在公司企业里度过。我国的工商管理教育也注重实习，把学生实习作为工商管理教育的一个必要环节，突出了工商管理教育的实践性和应用性。

(四)表现在招生方面

工商管理教育的应用性还表现在其招生上。工商管理教育在招生上，一般注重招收有实践经验的学员，其主要目的在于更好地保证所培养的企业管理人才的应用性和实践性。欧美的工商管理院校往往把大学本科毕业并有几年实践经验的人员作为 MBA 招生的重点。加拿大管理专业研究生的招生不仅要看入学考试成绩，而且把具有两年以上的实践经验作为录取的基本条件之一。我国目前试点的 MBA，在招生中明确要求学员有四年的工作经验，并担任一定的企业领导职务。

把握工商管理教育的应用性，应该把重应用的思想体现在工商管理教育的方方面面。

首先，工商管理教育的应用性要求所培养的人才应是一种应用型的人才。工商管理教育的应用性要求所培养的人才应是应用性的人才，而不是像经济学类教育所培养的是一种经济理论分析型的。它所培养的应是熟悉市场经济运作，能有效开展国内外市场营销与竞争，管理社会化大生产的经营管理型人才。这种应用型人才定位，在市场经济体制下，要求工商管理院校的人才培养规格主要是经营管理型工商企业人才，要以企业的经营管理活动为主要教育内容，树立起以企业为本位的人才培养思想。

其次，工商管理教育的应用性要求其课程设计应以满足社会发展需要为中心。一般来说，高等教育的课程体系的设计，归根结底有三种侧重：其一是学科本位型，课程设计主要侧重学科发展；其二是学生本位型，课程设计主要侧重学生的发展；其三是社会本位型，课程设计主要着眼于社会发展的需要。对工商管理教育而言，课程体系的设计，不应偏离社会、学科和学生发展这三方面的要求，但三方面的要求应有个中心。我们认为，这个中心就是满足社会发展的要求。具体点说，就是要坚持“以市场为导向、以企业为本位”作为课程体系设计和改革的基本原则，在进行课程变革和结构调整时，应紧密联系企业的实际，根据用人部门的要求和人才市场来不断调整和完善课程体系。

再次，工商管理教育的应用性要求各个教学环节都应倡导理论密切联系实际。例如，采用贴近现实的教学方法，加强学生实习、实践环节，等等。

需要强调的是，我们要正确地理解工商管理高等教育的应用性。在实际的教育过程中，我们的确注重了工商管理教育务实的要求，而忽视了基础理论对于学科发展和工商管理人才素质的形成的作用，使得毕业生普遍感到缺乏后劲。工商管理高等教育不是职业技术教育，作为高等教育，它所培养的应用型人才并不是一种简单的操作性的人才，而应是以理论和方法论为基础，培养学生树立全局观念、发展观念和有应变能力的战略眼光。①

二、综合性

工商管理教育除突出地表现出应用性外，还明显地表现为综合性。

决定事物特点的是该事物的本质属性，而一事物和它事物的本质区

---

①　林轶.职业教育下应用型本科院校工商管理专业校企协同育人模式研究和实践[J].区域治理，2023，(8)：218－221.

别是由事物的各个特殊的组成要素及其关系结构所决定的。要分析工商管理教育的特点,必须从分析工商管理教育的特殊组成要素入手。工商管理教育,即国际上通称的 Business Administration Education,也有人译为商业教育、商学教育、工商教育、商贸教育等,这里,我们不去追究怎么去取名,而是要探讨其真正的内涵。

Business,一般指的是,“通过提供产品或服务满足人的需要和需求并以营利为目的的活动,以及从事这种活动的组织。”凡是不以营利为目的的,尽管也提供产品或服务的组织(如非营利私人企业、公共事业)一般不属于 Business 范畴,但由于这些组织在具体运作上与 Business 没有什么区别,所以 Business 的理论和实践同样适用于非营利的企事业。这也是国外许多商学院的工商管理硕士(MBA)学位毕业生到非营利的企业或政府部门工作的缘由之一。

从 Business 的含义看,它实质上是一种经济活动,其过程是把输入(进入生产或运作过程的资源)转化为输出(具有价值和使用价值的产品或服务)。

从输入角度来看,资源从种子、原材料、机器设备到人的知识技能等,可以说无所不包。由此可见,Business 实际上覆盖了现代社会的三大产业。

从转换和输出角度来看,Business 企业可以分为生产、流通和服务三大类型。“生产”着重于物质转换,采掘、养殖、加工原材料或产品,如采掘业、养殖业、制造业等;“流通”着重于产品的运输和销售,如运输业、仓储业、批发商、零售商等;“服务”直接提供服务而不是产品,如通信业(广播、电视、报纸、电话、电报等)、金融业(储蓄、信贷、保险等)、餐旅业、咨询业等等。

根据上述 Business 的含义和分类来看,Business 的涵义非常丰富,主要涵盖了生产、流通和服务三大领域。Business 的三大领域的实践必然对 Business Administration Education 即工商管理教育提出要求和需求。工商管理教育要为 Business 服务,其培养的人才必须具备 Business 三大领域所需的学科知识和基本技能，换句话说，工商管理教育必须涵盖Business三大领域的学科教育。“生产”领域离不开工程技术学科的理论与技术的支持，“流通”领域需要商贸学科的理论和实务，而“服务”领域不仅需要本行业的专业基础，更主要的是需要管理理论和技能，因此，我们所通称的工商管理教育的“工商管理”，并不只是狭义上理解的科学的一个分支，而是集“商贸”“工程技术”和“管理”学科为一体的学科集合体。正因为工商管理教育主要是由工程技术、商贸和管理等学科教育交叉复合而成，因此，综合性是工商管理教育的基本特征。

事实上，世界各国工商管理教育的实践都表现出强大的综合性。世界各国的商科院系，一般多把工程与管理、生产与流通、国内商业与国际贸易，甚至金融、房地产、餐旅以及信息咨询等等都融合在一起，所有这些领域的人才均放在商学院中培养。

工商管理是一大类知识体系的集合。除了上面我们所分析的工程技术、商贸和管理三大学科外，形成工商管理教育，还应包括与上述三大学科相近或相关的其他学科，尤其是经济学、法学和人文学科等，另外还应包括外语的训练。因此，一般来说，形成工商管理教育，主要应有六大学科群。

一是经济学，特别是应用经济学，它为企业或其他经济组织分析经济环境，制定与环境相适应的经济决策提供了理论基础与方法体系。

二是工商管理学科群，工商管理学科以市场经济为背景面向企业，以企业运作行为为自己的研究对象，着重研究企业原材料采购、生产组织和市场营销等企业的经营与管理，涵盖了企业经济运作中的财务管理、资金筹措、投资、营销和资源的有效配置等工商活动各个运作环节。

三是外语学科群，包括基础外语和商务专业外语，为学生将来从事企业的工商事务打下听、说、读、写、译的基础。

四是人文学科群，它综合运用哲学、社会学、人类学、心理学和伦理学等多种学科知识，研究人的思想和行为活动规律。其目的是提高对行为的预见性和控制力，以调节企业或其他组织中的人际关系，调动人的积极性，提高生产和工作效率，同时，也是为了拓展学生的知识面，全面提高工商管理学生的素质。

五是工程技术科学，如机械和电子技术、计算机技术等，这些知识有助于经营管理者熟悉技术系统，把握生产运行规律，并为众多的经营管理方法和手段提供基础。

六是法律学科群，主要包括国际商事法律和国内经济法律知识，为学生更好地从事经营管理活动打下法律基础。

因此，工商管理教育要培养的人才是一种多学科知识复合、多能力综合的经营管理人才。它所培养的工商管理人才与工程高等教育、医学高等教育等类型的高等教育所培养的专业人才相比，更符合“通才”的要求。

目前，在欧美走俏的是具有工程学和计算机技能的工商管理硕士(MBA)，传统的 MBA 已不像从前那么吃香了。这种新型的技术型 MBA，主要是一些名牌大学通过把工程学、计算机和商学院的课程结合在一起来培养的。他们是公司企业十分欢迎的具有三项全能的管理人才，不仅懂得营销学和金融学的基本知识，而且还了解计算机及帮助公司营销产品或招聘服务的技术。从工商管理教育的未来发展来看，“文”“工”“商”等学科教育的有机渗透与结合是现代工商管理教育的典型特征，也是现代社会的必然要求。

三、国际性

从二战以来，工商管理教育越来越表现出国际性。由于科学技术高度综合的发展趋向，由于跨国公司的日益兴起和各国企业纷纷步入国际舞台以及生产、经营日益国际化，促进了工商管理教育广泛的国际交往和校际合作。这种交往和合作的目的之一，是为了弥补本国工商管理教育的不足，学习外国先进经济管理方式，阐明本国商业文化，扩大本国在世界的影响。工商管理教育的国际性主要表现在增设国际内容分量高的课程，研究各项国际经济活动的专业性质和他国的文化背景及经济运行机制，在师资构成和学生来源方面国际化，与国外合作培养工商管理人才，或者签订双边和多边教育协定，互派留学生，在教学、科研和文凭方面相互承认，以及图书、资料共享等诸多方面。

从根本上说，工商管理教育的国际性是由世界经济的全球性所决定的。社会经济政治的需要，是教育——包括工商管理教育发展的推动力。在整个经济中，国际贸易占主导地位。在产业革命完成以后，工业生产就日益脱离了本国的原料产地和销售市场。第二次世界大战以后，国际贸易更呈现大规模发展，跨国公司的贸易商品、资本、劳务和信息技术的转移、生产过程的组织已不单是依靠本国，而是面向全球。80 年代以后的对外贸易更是形成商品、技术、劳务、合作、引进外资和投资等多元化经营格局，不断向集团化、实业化和国际化转轨，由国内联合走向区域联合。较大的联合体如 90 年代三个影响很大的经济集团如欧洲经济共同体、北美自由贸易区和亚太经济合作组织等。此外还有 77 国集团、拉美经济体系、加勒比共同市场等等。世界经济的国际化促进了人才市场的国际化和人才资源的国际化，从而导致人才培养的国际化。工商管理教育只有突出地表现出国际性，才能培养出直接参与国际市场竞争的工商管理人才，正是这些国际性的工商管理人才促进了世界经济的发展和贸易的繁荣。

由于各国工商管理教育明显地表现出国际性，所以我们很难区分一个国家的工商管理教育属于国际工商管理教育，还是属于传统的一般的工商管理教育，因此，说起一个国家的工商管理教育，一般就是指国际工商管理教育。

综上所述，工商管理教育具有综合性、应用性和国际性三大基本特征，正确把握住这三大基本特征，我们才能说，所办的学校教育是真正意义上的工商管理教育，所培养的人才是合格的工商管理人才。根据工商管理教育的三大基本特征，我们倡导我国的工商管理院系，应该大力培养国际导向性、应用性、复合型的工商经营管理人才。

第二节　工商管理教育的基本职能

上面我们分析了工商管理教育区别于其他一些领域的高等教育的个性特点。这些特点决定了工商管理教育在促进社会进步、经济发展、科技文化繁荣和人的自身发展方面的地位和作用。这些作用是通过人才培养、科学研究和社会服务三大基本途径发挥整体效应来体现的。

现代工商管理教育与其他高等教育一样，具有人才培养、科学研究以及利用自己人才、知识密集的优势为社会服务的职能。由于工商管理教育自身的特点，其三大职能的具体体现也有自己的特点。

一、培养人才的职能

无需赘言，通过教育和教学，培养为社会所需要的高质量的人才无疑是工商管理教育的根本使命。工商管理院校离开了这一条，那就不成其为学校了。工商管理教育的根本价值在于双重服务，即既要为社会经济发展服务，又要为受教育者的发展服务，这二者是统一的，因为工商管理教育主要是通过培养工商管理人才来为社会发展服务，为提高企业管理水平服务。因此，育人是工商管理教育的基本出发点和终极目标，工商管理院校的教学、科研、政治理论教育、行政和后勤等各项工作都要围绕育人这个中心来展开。

工商管理教育具有应用性和综合性两大根本特点。这两大根本特点决定了工商管理教育培养人才的职能是通过培养社会需要的应用型复合型管理人才来实现的。只有在课程体系、教材、教学内容和教学方法等诸方面体现出工商管理教育的应用性、综合性和国际性，工商管理教育才能高质量地充分发挥其培养人才的职能，完成其根本使命。

二、科学研究的职能

培养工商管理人才是工商管理教育产生以来就具有的职能，但随着社会经济的发展和科技、管理水平的进步，不仅对工商管理院校培养管理人才提出了更高的要求，而且对工商管理教育的职能的需要也愈加广泛。培养管理人才作为工商管理教育的唯一职能显然不能满足经济发展和企业管理水平提高的需要。因而新的职能——发展科学应运而生，其主要活动形式就是科研。这种科研不仅仅限于为教学服务，围绕工商管理教育的教学来选题，而且还表现在从社会和企业直接接受科研任务，解决企业的管理、生产、营销和战略等现实问题，满足社会和企业的需要。

可以这样认为，科研是现代工商管理教育、教学的支柱，是 MBA 教育和工商管理博士教育的前提条件，而且也是衡量工商管理院校学术水平、决定其社会地位的一个显著标志。① 工商管理院校只有十分重视科学研究，把科学研究作为自己的重要职能，才能发挥其经济建设生力军的作用。其实，工商管理院校开展科学研究对本身的发展也有多方面的作用。

（一）工商管理院校开展科研的作用

开展科学研究是工商管理教育的一项根本任务。在工商管理院校或专业，科研是培养人才的一种重要的方法，是教师队伍建设的重要途径是发展工商管理学科和相关边缘学科的基础，是直接为社会服务的主要渠道。具体来说，开展科学研究至少对工商管理院校或专业具有如下方面的作用。

1. 科学研究有助于教学质量的提高

工商管理教育的应用性要求其内容具有实践性和时代性，这就要求工商管理院校的教学内容需要不断更新，通过科研使教师、学生及时了解工商管理学科领域国内、国际最新发展水平。因此，开展科学研究是知识更新的源泉，是接触新科技和管理现代化的前沿阵地。

2. 科学研究有助于发展学生的智能，培养现代工商管理人才

工商管理院校培养的管理人才，不仅要符合社会今天的需要，更重要

---

① 毛蕴诗. 工商管理前沿专题[M]. 北京：清华大学出版社，2018.

的是能适应社会明天的需要。它所培养的人才，不是那些从事日常的、重复性工作的劳动者，而是要培养能够解决科学技术和企业发展中提出的各种理论和实际问题的从事创造性劳动的专门人才。这要求工商管理院校至少应强化学生或学员的自学能力、科研能力、思维能力、表达能力及组织管理能力等。博士生、硕士生和本科生也是科学研究方面的生力军。他们在教师、科研人员的带领下从事一些科研工作，既可以学到很多在课堂上学不到的知识和技能，也可以使他们在上述几种能力方面得到培养、训练和提高。因为科学研究要收集资料，制定研究方案，分析、实验、调查研究、综合整理，撰写研究论文或报告。这些工作不仅需要专业知识，而且需要研究、思维、组织和表达能力。从这一角度来说，开展科学研究不仅是工商管理院校的一项职能，而且也是培养管理人才的一种重要方法。在欧美的一些工商管理院校，学生的实习通常也就是选一企业实际面临的问题作为课题来开展调查研究的。对教师来说，教师科研能力提高后，也有助于在教学过程中发展学生的智能。

3. 科学研究有助于教师水平的提高

教师是科学研究的中坚力量，在科学研究中可以掌握最新的科技信息，增加许多新的知识，提高自己的动手能力、研究能力和创造能力。也只有这样，教师自身的水平才能不断提高。如果没有研究，没有新理论、新观点，教师上课的内容年年讲、月月讲仍是原来的一套，其教学质量就不会很高。

4. 科研是发展新学科的基础，是工商管理学科建设的重要手段

工商管理的学科建设在工商管理院校占有特殊的地位。它包括四方面的内容，即学术梯队建设、图书资料建设、实验手段建设和信息网络建设。这些建设都是要以科研成果为基础的。工商管理硕士点、博士点的设立同样要以科研成果为主要标准。科学研究直接影响着工商管理新学科的设立，同时，也有利于工商管理院校保持和形成自己的学术特色，在研究领域方面形成不同于其他院校或专业同一学科的特点。

5. 科研是工商管理院校或专业直接为经济建设服务的主要渠道

工商管理教育主要通过培养人才和以自己的科研成果为经济建设服务，为提高企业的管理水平和经营服务。企业的技术改造、新产品开发、管理手段的现代化、市场营销以及财务金融等方面所提出的大量理论问题和现实问题，工商管理院校负有义不容辞的研究与探讨的责任。这些方面的研究成果是工商管理教育直接为经济建设服务的主要表现形式之一，也是工商管理院校加强与社会、企业联系，改变关门办学状况的成果之一。

（二）正确处理教学和科研的关系

从现代工商管理教育的发展趋势来看，工商管理院校最终将成为教学与科研的有机结合体。在这个有机结合体内，教学与科研的关系是主要的关系之一，正确处理好二者的关系，对提高教育质量，全面提高办学水平，有着极其重要的意义。在处理好教学和科研的关系方面，工商管理院校要做好以下方面的工作。

1. 要统一认识，明确办学指导思想

尤其是主管领导要充分认识到教学与科研是一个统一有机体，单纯以教学或科研为中心已不能适应工商管理教育发展的需要，应以教学为主，科研为本，将教学与科研有机统一起来。之所以强调主管领导要统一认识，是因为有些领导对此问题认识还不够清楚，或以为科研可有可无，或口头上承认科研的重要，但由于时间、精力或思想认识等问题将教学与科研的统一只流于表面形式。

2. 科研和教学应该统一规划、统筹安排

在统一认识的基础上，在学校整个工作中，科研和教学应该统一规划和统筹安排。所谓统一规划，就是要把科研和教学这两大根本任务纳入一个有机的统一规划之中。具体表现在：教学的发展是以科学研究的发展为基础，科学研究的发展是以促进教学的发展为目标。也就是说，规划中的教学内容的更新，新学科、专业、课程的开设，甚至新的教学管理制度的改革等.都应该建立在科学研究的基础上，以开展相应的科研来保证；而规划中的研究项目、科学内容、科学发展方向等，则应尽可能多地考虑到教学的发展需要，并把满足这种需要作为科研管理目标之一。所谓统筹安排，则是指学校的人力、物力、财力的使用，应该以学校的整体发展规划和工作计划为依据，全面考虑，统一安排，既有重点，也不偏废。要做到这一点，非常不易，其主要阻力来自部门自身的利益。这要求工商管理院校的教学、科研等职能部门能做到顾全大局，互相支持，切实不搞部门所有制。

3.加强科研选题与教学内容的相关性的管理

任何一个科研发展规划都是通过一个个具体的研究课题来实现的，工商管理教育的科研选题，尤其是重点课题应优先考虑与工商管理学科教学内容的相关性，以工商管理重点学科建设与发展为基本内容。同理，工商管理的学科建设和专业设置也应在科学研究的基础上得以加强。

4.要加强教学和科研职能部门的联合，加强工商管理院校教学和科研职能部门的联合是教学与科研二者有机结合的有效方法

教学离不开科研，科研更不应离开教学，工商管理院校如何完成这两大基本任务，这要求两大职能部门密切合作。教学主管部门在组织制订学科发展计划、专业建设以及师资队伍建设的规划时应以科研为基础，而科研主管部门应及时掌握学科信息，导向性地管理科研课题，选拔培养学术骨干和学科带头人，并鼓励他们深入教学第一线，把最新的科研成果教给未来的管理人才。

(三)工商管理院校或专业的科研工作

在正确处理好教学与科研的关系的大前提下，工商管理院校或专业要努力抓好科研工作。总体来说，工商管理院校的科研工作要面向经济建设的主战场，面向学科、专业建设，面向人才培养质量的提高。具体来说，要抓好如下工作。

1. 制定科研规划，明确科研重点

科学研究是长期而又艰辛的工作，不是一天、两天说要就有的东西，一项有水平的科研成果要经过几年，甚至十几年才能出来。要开展有组织、有计划、有目的的科研工作，必须做好科研规划。科研发展规划是学校科研工作的总目标和努力方向，是制订科研计划和具体措施的纲领性依据。工商管理院校可根据学校工商管理教育发展需要制定科研的长期规划、中期规划和短期规划。但在制定的全盘科研规划中要明确主攻方向，确定科研重点，以确保必要的人力、物力和财力支持重点学科的科研工作，争取在同类学科的院校中保持学术水平的领先地位，早出、多出和快出成果。

2. 合理安排科研经费，注重科研投入效益

科研经费的使用要有计划、有重点，注重投入产出的效益。一般来讲，科研经费要重点支持工商管理学科的课程建设、教学软件的开发研究和培养学术带头人方面的课题研究，对于那些应用性强、有直接社会效益的课题，应尽量争取企业、社会、各研究基金或学会组织的支持。

3. 要抓好工商管理教育、教学研究

工商管理教育研究要注意研究世界工商管理教育的发展趋势以及 21 世纪对工商管理教育提出的挑战与要求，以充实和改革工商管理教学内容。同时，要注重开发企业管理案例教学、外语音像教学以及计算机模拟教学软件工程，以促进工商管理教育的教学方法和教学手段的现代化建设。

4. 要造就一批中青年学科骨干和学术带头人

得青年者得未来，工商管理教育能否为各国企业的发展提供有效的支持，其主要还是要靠年轻一代。工商管理院校要注重选择一批基础好、后劲足、科研意识强的中青年教学骨干，给他们以科研经费的重点支持，鼓励他们积极承担科研任务，提供参与学术活动的机会和环境，使他们在科研实践中活跃于学术前沿，锻炼成长为学科带头人。

5.搞好科研管理，加强与教学部门的协调

在科研管理中，要注重制定有效的政策措施，重奖那些在科研中作出了重大贡献的教师，以扶植一批、鼓励一批，而带动一片，从根本上改变一些工商管理院校的教师认为搞科研苦而不愿意搞科研的局面。

三、社会服务的职能

美国威斯康星大学校长查尔斯·旺·海斯早就说过："教学、科研和服务是大学的主要职能"。威斯康星办学思想成了大学为社会和地区服务的新潮，成为高等教育的鲜明特色。特别是二战以后，高等教育直接为社会服务成为世界各国的共同趋势。作为二战后开始迅速发展起来的工商管理教育，在其发展过程中，日益发挥起直接为社会服务的职能。现在，以自己的教学、科研直接为社会服务已成为各国工商管理院校的一项基本职能。

（一）工商管理院校或专业发挥社会服务职能的意义

工商管理院校开展社会服务，既可以推动学校与社会、企业的密切合作，更好地贯彻企业本位的教学原则，又可通过为社会服务而自身得到发展。

1.工商管理院校或专业在为社会服务中能够充分了解企业对人才和管理技术的需求状况

这样能够针对企业的需求培养管理人才和确定科研、科技服务的方向和项目，更好地贯彻教育为经济建设服务的宗旨。

2.教师通过社会服务、接触实际，可以促进理论与实际的结合，增强解决实际问题的能力，从而提高业务水平

教师这种业务水平的提高，又会将丰富的实践知识充实到教学内容，使学生学到的知识更实际更有用，从而增强学生分析和解决企业经营管理中的实际问题的能力。从这种意义上说，开展社会服务，也能够促进工商管理教育质量的提高。

3. 加速科研成果向产品、商品的转化

工商管理院校开展社会服务以后，科研选题主要来自企业的实际部门，完成后就能投入企业实际应用，成果转换率大大提高，科研的经济效益和社会效益得以较充分的体现。

4. 增加了一条教育经费的筹措渠道

开展为社会服务是筹措工商管理教育经费的一条重要渠道。世界上大多数国家的工商管理院校的经费主要有三个来源：一是政府拨款（包括教学经费和科研经费等），二是校产、学费、捐款等收入，第三就是通过社会服务来创收，以增加学校的发展经费，同时也用于改善教职工的收入水平。

（二）工商管理院校开展社会服务的形式

基于以上几种认识，工商管理院校或专业应适当开展直接为社会服务的活动。工商管理院校开展社会服务的主要形式有以下五种。

1. 教学服务，包括委托培养，举办各种成人、职业培训等。

2. 科技服务，包括科研成果转让、技术转让和技术咨询等。

3. 信息服务，包括利用数据库、图书、资料、文献为社会服务。

4. 装备服务，包括利用仪器设备、实验室、电教视听中心、测试中心、计算中心等向社会开放。

5. 产业服务，包括利用自己人力资源的优势直接兴办第一、二、三产业为社会服务。

（三）开展社会服务应注意的问题

积工商管理院校开展社会服务的经验，应当注意以下几点。

1. 要处理好教学、科研、社会服务三者之间的关系

教学、科研和社会服务都是工商管理院校的基本职能，但三者中，教学、科研是主要的。工商管理院校要把主要精力放在教学、科研上。社会服务要量力而行，把握好“度”，过了“度”就会影响正常的教学和科研秩序。在三者的统筹安排上，要把具有丰富教学经验、教学效果好的教师安排并稳定在教学第一线。把具有管理能力、开拓精神的教师组织起来从

事社会服务工作。

2.社会服务要充分利用学校的智力优势

要结合工商管理的学科和专业方向，不应偏离学科方向单纯地搞创收，单纯地搞商品流通，而要树立起以自己的教学和科研为社会服务的思想，为工商企业解决实际问题和难题。

3.要加强管理

对开展社会服务，学校要加强宏观管理，完善政策导向，合理分配收益。在分配中，要兼顾效益与公平的原则，既要注意调动直接参与社会服务的教师的积极性，又要调动全力从事教学、科研人员的积极性。同时也要在职称评定标准和方法方面顾及从事社会服务的教师的特殊性。

以上阐述的是工商管理教育的三大基本职能，即培养人才的职能、科学研究的职能和社会服务的职能。这三大职能相互联系，共同构成现代工商管理教育的职能体系。在这三大职能中，工商管理院校要有区别地把握三项职能之间的关系。培养工商管理人才是工商管理院校的一项根本任务，科学研究是工商管理院校的一项重要任务，社会服务是工商管理院校的一项应承担的任务。学术界有人认为，工商管理教育不仅具有以上三大基本职能，而且还具有国际学术交流和经营贸易与生产等基本职能。这两项职能的提出，必然对工商管理教育的改革与发展的指导产生影响。我们认为，国际学术交流的职能在很大程度上是为培养工商管理人才和开展科学研究服务的，没有必要将之单列为工商管理教育的一项独立的基本职能。至于生产与经营贸易职能的提出，反映了现代高等教育教学——科研——生产一体化的发展趋势，但开展工商管理教育的高校与开展经营贸易的企业毕竟是有本质区别的，把主要是工商企业的基本职能列为工商管理院校的基本职能，在理论上还需进一步研究。

第三节　工商管理教育与其他相关学科教育的比较

特点是一个比较性概念，一事物的特点只有在与另一事物的相互比较中才能存在，这就是我们通常所说的“有比较才有鉴别”，通过与其他学科教育相比较，或许能较好地认识工商管理教育的基本特征。

在我国，我们听惯了财经教育、经贸教育等这些与经济建设紧密相关的教育名词，工商管理教育只是近几年才出现。直到 1993 年，国家教委在其主持修订的高等院校本科专业目录中才将工商管理从经济学中分离出来。因此，人们对工商管理教育的认识并不是深刻的，或者把它当成经济学教育，或者与财经教育、经贸教育相混淆，或把我国的财经教育、经贸教育误认为国际上所通称的工商管理教育。因此，我们在这里有必要区分管理学与经济学的区别以及工商管理教育与财经教育、经贸教育的区别。

一、管理学与经济学的比较

(一)管理学与经济学的区别

19 世纪后期以来，管理学在国外一直是一门独立的学科，它与经济学的区分早已完成。这两类学科的根本性区别主要体现在以下几方面。

1. 从研究对象来看

经济学侧重研究经济运行、经济发展的理论和政策问题；而管理学侧重研究经济过程中具体的计划、组织、指挥、监督和协调等问题。

2. 从学科目的看

经济学是在一定的规范标准下，侧重研究经济运行的状态和规律性，主要解决是什么的问题；而管理学则在一定的实证前提下，侧重研究经济运行应该怎么办的问题，即主要是为了搞清经济如何运转才能更有效率的问题。

3. 从研究方法看

经济学侧重对经济运行过程的分析，管理学侧重研究经济运行中各种具体问题的操作及有效地解决；经济学以认识论为主，管理学以方法论为主。经济学为了认识经济运行规律．需要运用各种分析工具和分析方法，包括使用数学模型、统计方法和计算机手段，有自己的一套严密的概念和范畴体系;管理学也运用上述工具和手段,但它不是主要地为了经济分析的目的,而是为了解决具体的经济问题。所以在研究的工具及手段上,经济学和管理学有一定的交叉。

4.从人才培养的业务规格看

经济学主要培养从事经济理论研究、经济政策研究、经济发展战略研究的专门人才,它要培养出经济学家、经济政策专家、经济教育和宣传家以及一部分从事实际工作的高级经济分析家;而管理学则主要为工商实业界培养各类经营性人才,它主要培养出实业家、企业家。这种人才必须具有商业头脑,懂经营之道。

5.从课程设置及人才的知识结构看

经济学的核心主干课程主要是微观经济学、宏观经济学、产业经济学、发展经济学、经济学说史和经济学流派、统计学及数量经济学等;而管理学的核心主干课程主要是会计学、统计学、运筹学、工商企业管理、财务及金融、组织行为学、市场营销和公共关系等。在人才的知识结构上,经济学人才主要侧重理论分析和在此基础上的计量分析,特别是理论的计量分析;而管理学则对学生的实践背景知识要求很高,缺乏这方面的知识就很难成为一名优秀的学生。

综上所述,经济学与管理学这两门学科,是具有密切联系但又具有明显区别的独立的学科。一般而言,经济学的研究层次较高,而管理学则较为具体。① 国内学术界曾有人打过一个比喻来形象地说明其关系:经济学好比医科中的病理学,管理学则好比临床医学,前者研究疾病的发生机制、机理及内在规律性,从事这种基础研究的人不一定能诊断具体的病例;后者虽然能熟练地诊断及治疗疾病,但不一定或很有必要了解所诊断疾病的发生机理和机制。这个比喻虽有可能不太恰当,但还是较形象地说明了经济学和管理学的区别。

我国曾一直将管理学作为从属于经济学的一个二级学科,不仅妨碍

① 李自杰.管理经济学[M].北京:对外经济贸易大学出版社,2023.

了管理学的发展,也不利于经济学科的发展。将管理学和经济学分开,准确界定这两类学科的研究领域和研究对象、研究内容,有利于根据世界经济的发展加速发展我国的管理科学,有利于提高经济学的研究层次。总之,有利于这两类学科各自的发展。

(二)工商管理类专业与经济学类专业的区别和联系

在比较了管理学与经济学的区别外,我们来简单地看看管理类专业与经济学类专业的区别。这里所说的管理类专业并不是将社会、经济、文化等方面的宏观、微观管理专业以及工程管理方面的专业集为一类的管理专业,这类专业在我国有人称为"大管理类"专业。我们认为,这样的一种无所不含的"大管理类"专业,学科基础差异太大,是否科学值得研究,在国际上似乎还没有这样一种庞杂的管理类专业。发达国家所讲的管理类专业,一般都是指工商管理类或称商学类。

从经济学与管理学的区别与联系来看,经济学是工商管理类专业的主要学科基础之一,因而工商管理类专业与经济学类专业关系十分密切,但它们又存在着明显的区别:第一,经济学科主要研究经济形态、经济体制、经济运行、经济发展的规律、理论和政策。工商管理主要研究微观商务活动的运营和操作,如计划、指挥、组织和协调等;第二,工商管理类专业不仅以经济学为主要学科基础,管理科学、行为科学等也构成为工商管理类专业的重要学科基础;第三,在培养目标上,经济学类专业主要培养经济理论人才、宏观经济管理人才。工商管理类专业主要培养的是企业商务活动的应用型人才。

二、工商管理教育与财经教育的比较

(一)工商管理教育与财经教育的区别

工商管理教育与财经教育的区别,就其根本来看,在于其背后的经济体制的区别。有什么样的经济体制,就会有什么样的教育体制和学科体系。工商管理教育与财经教育的区别主要表现在以下几个方面。

1.教育体制设计的指导思想不同

众所周知,我国的高等财经教育是根植于计划经济体制的基础之上的,是计划经济的产物,更具体地讲,是苏联财经教育模式在当时中国的翻版。整个财经教育适应于当时计划经济运作的需要,服务于计划经济的运行。工商管理教育是较为成熟的市场经济的产物。它根据市场经济运行的规律,针对市场经济条件下,企业作为经济运行主体的现实,着重为企业经营管理培养人才。

2.研究对象不同

我国传统的财经教育的根本特征是部门所有制,一般按计划经济条件下部门主管的经济行为来设置财经院校或专业,以部门经济为研究对象来确定学科和专业方向。根据主管部门的需要来制订招生、分配和人才的培养计划。课程设置上,偏重部门经济理论的研究和国家计划的实施。而工商管理教育以市场经济为背景,面向企业,以企业的运作行为作为自己的研究对象,着重研究企业原材料采购、生产组织和市场营销等企业的经营与管理,根据企业运作的需要来设置学科和安排课程。

3.人才培养规格和类型不同

财经教育大多面向政府经济主管部门培养部门经济管理人才,从人才培养规格上看,大多适应于政府部门对宏观经济的调控,培养政府经济管理型和计划执行型人才。工商管理教育培养出来的人才适用各类工商企业的需要,从人才规格上讲是企业经营管理型应用型人才。

(二)财经教育向工商管理教育转轨的必要性

传统的高等财经教育适应于几十年来我国计划经济管理体制的需要,在历史上发挥过积极的作用,为国家培养了大量的专门人才。他们在我国的经济建设、经济管理和经济理论研究中作出了卓越的贡献,满足了几十年来我国经济建设中各行业、各部门对这种人才的需求。然而,面对计划经济向市场经济过渡的新形势,我国财经教育已经不能适应我国经济发展形势的需要了。

党的十四大作出了加强社会主义市场经济建设的重大决策,进一步明确了我国深化改革与开放的方向。社会主义市场经济问题的提出，在经济理论研究上是一个重大突破，对马克思主义经济理论的研究与发展具有十分重要的意义。社会主义市场经济的建设必将对人们的政治、经济、文化生活，乃至人们的价值取舍和行为准则产生深刻的影响。同时，社会主义市场经济的建立和市场机制的完善也必然会对我国的教育事业，尤其是高等财经教育带来冲击和机遇。我国高等财经教育应当勇敢地面对现实，接受挑战，把握机遇，改革不适应于社会主义市场经济建设的教育体制、学科体系和教学内容，尽快建立起一个充满活力和生机的、能及时根据市场经济发展需要，调整和发展自己的高等财经教育体制和学科体系，实现财经教育向工商管理教育的战略转移，从而实现与国际上规范的工商管理教育接轨。尽快实现这种转轨，其理由有二：

第一，传统的财经教育人为地将整个国民经济分为若干个部门，按部门经济管理的需要培养人才，这不大符合教育本身的规律，不利于教育事业的发展。近年来，我国的财经教育进行了一些调整和改革，但这种改革远远落后于经济体制的改革，而且终究没有突破传统框框。只有按照工商管理教育的思路和办学模式来办财经教育，才能满足我国经济改革和发展的需要。

第二，随着改革开放的深入，政府职能的转化，传统财经教育为政府部门培养人才的市场将日趋缩小，因此必须开辟新的途径，确立新的服务对象。市场经济要求按照市场运行的规律，主要通过各种市场机制对整个社会的经济行为乃至一些非经济行为进行调节，由市场来实现社会资源的合理配置。在整个社会经济运行中，企业作为经济运行的主体具有举足轻重的影响，企业将根据自己业务发展的需要，自主地决定人才需求的质量、规格和数量。而高等财经院校作为人才的提供者和人才的被需求者，只有主要与经济运行的主体——企业发生紧密的联系，才能更好地与市场经济发生联系。有鉴于此，我国的财经教育应当确立主要为企业培养人才的指导思想。除少数学科为政府部门和宏观经济调控的需要培养高级人才外，大多数财经专业和学科应当面向企业，主要为企业培养经营管理人才，而培养企业经营管理人才的规范的办学方式，即国际上普遍采用的工商管理教育方式。

(三)财经教育如何向工商管理教育转轨

我国的高等财经教育向工商管理教育转轨是一项系统的工程，涉及观念的转变、学科体系的调整和课程体系的重组等诸多方面。

1. 转变教育观念

转变教育观念是市场经济新条件下改革财经教育的关键，是建立工商管理学科体系的前提。随着我国社会主义市场经济体制的建立和发展，财经教育改革必须在观念上实现五个转变。

第一，要适应计划经济体制向市场经济体制的转变。这就要求财经教育摆脱过去计划经济体制的束缚，不仅仅要遵循人才成长的客观规律培养人才，同时也要依据市场经济的特点，按照价值规律、竞争规律、供求规律来办好转轨后的新财经教育即工商管理教育。

第二，要把服务观念从狭窄的部门经济中解放出来，为全社会服务。经济体制改革打破了计划经济体制的旧格局，企业的经营活动必将冲破过去部门经济的局限，而以经济效益为主轴向更广阔的领域扩展。这就要求我国的财经教育在发展新的学科体系的同时，把服务的视野投向全社会的企业实体及其经营管理活动。

第三，要把人才的培养从单一地传授知识向传授知识与能力培养并重的方向转化。传授知识无疑是财经院校教育的主要形式，但仅此是不够的，还应重视对人才综合能力的培养。要根据工商管理教育应用性和实践性的特点，尤其要注重对学生独立思考、开拓创新和综合运用所学知识发现问题、解决问题的能力的开发与培养。

第四，在学术研究指导思想上，要重视应用理论的研究。长期以来，在我国经济学术理论界存在着这样一种观点，认为只有纯理论的经济研究才是学术，才能证明一个学校或一个学者的学识和学术水平，而应用学科、应用理论与实务知识是小菜一碟，不足以形成学术。例如，国际贸易、会计、审计等学科都曾先后遭到过被嗤之以鼻的命运。然而，恰恰相反，正是这些应用性学科为市场经济的发展和企业经营管理所必需。改革开放以来,社会对学科发展的实际要求也给我们提供了应重视应用性研究的启示。因此,在学术指导思想上,应当将基础理论和应用理论并重,形成基础理论研究与应用理论开发二者相互促进、共同发展的局面。

第五,正确认识大学本科教育,确立大学本科教育在整个教育体系中的位置。大学本科教育是整个教育体系中的一个重要组成部分,是人们终身教育过程中的阶段性教育,而且从某种意义上讲,大学本科教育仍然带有基础教育的性质,是带有专业性质的基础教育,应当将大学本科教育与研究生培养、专科教育和职业培训区别开来。长期以来、我们一方面强调高级专门人才的培养,另一方面又强调对用人部门的适应性。在这样的指导思想下,往往培养出来的学生高不成、低不就、适应面窄。确立大学本科教育是阶段性教育和专业基础教育的正确地位后,有利于我们在人才规划设计、专业课程设置方面进行调整,真正做到厚基础、宽口径,增强毕业生的就业适应性。

2. 更新教学内容,逐步形成适应社会主义市场经济发展需要的符合国际规范的工商管理课程体系

教学内容的更新是我国财经教育改革和培养工商管理人才着重要解决的根本问题。我们应当在引进、消化、吸收的基础上,尽快完善适合中国国情的工商管理课程体系。在这方面,有必要做好下面的一些工作。

第一,引进。市场经济作为一种经济运行方式,有其一般的共性。我国搞市场经济刚刚起步,应当承认我国对市场经济的认识、对市场经济运行机制的研究远不及发达市场经济国家。前些年来,随着改革开放的深入,一些财经院校根据自己的实际情况和需要,引进了一些西方国家的课程,在这方面取得了一定的进展。但我们应当更大胆、更系统地引进发达市场经济运行国家或地区的企业经营管理类学科和课程。经济学类课程、营销、理财类课程和生产组织与管理类课程都应当在我国的财经院校或系中开设。

第二,消化与吸收。在引进基础上,根据中国的国情,对引进课程加

以国产化，形成具有中国特色的工商管理课程体系。在引进课程国产化的过程中，既要重视中国的具体国情，又要不过分强调现有的国情。我们应当以发展的眼光，从动态适应的角度，在考虑到教育超前性和人才培养周期性特点的基础上，来进行具有中国特色的工商管理课程体系的建设。

第三，加强协作，共同努力。财经教育的转轨，中国工商管理学科课程体系的建设，这二者都是一个相当大的工程，需要我们摒弃门户之见，加强协作，集思广益，群策群力，共同为实现财经教育向工商管理教育转轨而努力。

3. 深化教育管理体制改革，确立学校的主体地位和法人地位

长期以来，我国的职能部门习惯于用计划经济的管理模式和行政指令管理学校，对学校的办学干预较细、较多。这样的管理思想和工作方法应当予以转变，应当理清政府主管部门与学校之间的关系，确立学校在教育中的主体地位和法人地位，这应该是我国财经教育拓宽发展之路的根本保证。只有这样，财经院校才能对传统专业设置、课程体系按照社会的需要进行自觉地调整和改造，向通行的工商管理教育转轨，真正建立起从招生、培养到就业的适应社会主义市场经济需要的办学运行机制。

三、国际工商管理教育与对外经贸教育的比较

（一）对外经贸教育与国际工商管理教育的区别与联系

我国传统的对外经贸教育尽管与其他财经教育相比，具有自己鲜明的国际商务经营管理的专业特色，但从总体来说，也属我国财经教育这一大类，具有一般财经教育的共性，同样是建立在高度集中的计划经济体制的基础上的，是以对外贸易中央统制、国家指定公司专营为基本前提的。在学科体系、课程设置、教学内容等方面都是按照以行政手段来管理经济，而忽视企业作为最活跃的经济组织和计划经济体制的要求来设计。考察我国传统的对外经贸教育，至少在以下三个方面存在着一些问题。第一，在人才的培养规格上，由于在计划经济体制下，我国的经济运行实际上属于政权型经济，企业的经营管理工作受政府行政部门的支配，无须

面对市场来规划和经营，所以，经贸院校对人才规格的追求，主要是以计划和政策型为主，而不是以企业经营管理型为主。第二，在专业、课程的设置方面，由于基本上是按照经济形态或者政府部门的职能为依据，所以专业越分越细，课程内容重复.培养的人才适应面较窄。第三，很多专业的研究范围并不是以经济实体的经营管理活动规律为主体，而是以研究企业如何完成计划的手段为主要对象，从而使经贸教育本身缺乏动态的适应性。

尽管如此，我国的对外经贸教育从建立开始，就带有工商管理教育的一些色彩。这可以从下面几个方面来考察。第一，我国当时的经贸院校(外贸学院)的培养目标是懂外语、懂外贸的业务员，相当于现在的外销员。第二，与培养目标相适应的课程内容主要由外语、外贸方针政策和外贸业务的具体知识组成。第三，培养出来的人才，少部分真正在政府部门工作，大部分在专业外贸公司从事具体的外贸业务。现在看来，过去的经贸教育虽然着眼于宏观的经济体制而设计，但人才的实际培养还是偏重微观方面的，可以看作是我国工商管理教育的雏形。改革开放以来，随着国内经济体制的改革、对外经济交往的扩大、对外经济活动的多样化，尤其是对外经贸体制的改革，我国的一些院校(如对外经济贸易大学)对传统的经贸教育进行了调整和改革，尝试建立以市场为导向、以企业为本位的新的经贸学科教育体系，在探索建设中国国际工商管理学科建设方面取得了较大的成绩。

但我国的经贸教育仍属财经教育一类，我们通常所说的对外经济贸易学科可以说是一个不规范的概念。它更多地反映了我国部门办学的属性，与国外难以开展交流。在国外，这些方面的教育就是国际工商管理教育。

国际工商管理教育是一个相对独立的教育体系，它的服务对象是跨国公司和主要对外经营的企业。国际工商管理是工商管理的一个二级学科，既有工商管理学科的一般特征，同时又具有鲜明的国际性特点。它的各专业和专业方向的课程设置，更突出和体现了各项特定的国际经济活动的专业性质和自身特点。这种国际性特点是国际工商管理与工商管理之间的主要区别。建立国际工商管理学科就是为了培养国际性经营人才，以适应企业国际化的需要。

从国际工商管理学科的特点来看，我国现有的对外经济贸易学科的有关专业和学科属于国际工商管理学科这一范畴。暂且不去从市场经济体制的建立对对外经贸教育改革的要求这一角度去论述对外经贸教育应向国际工商管理教育接轨的必要性，这已在财经教育应向国际通行的工商管理教育转轨这一论述中有所阐述，二者的道理大同小异。这里，我们只从我国对外经贸教育的自身发展这一角度来看对外经贸教育应与国际规范的国际工商管理教育接轨的必要性。

第一，将对外经贸教育调整改造为国际工商管理教育，有利于拓宽学科口径。将原有的国际贸易、国际金融、国际运输、国际企业管理、国际经济合作、国际会计等对外经贸专业或方向统一纳入一个完整的规范的学科体系，即国际工商管理学科体系，专业口径拓宽了，有利于增强培养对象的适应性和为企业培养综合型人才。

第二，对外经贸教育和整个经贸工作一样，是对外开放的窗口，同时也是改革开放的前沿，既要服从于、服务于经济中心任务，适应社会主义市场经济体制的要求，同时还要与国际规范的教育体系接轨。将对外经贸教育调整改造为国际工商管理教育，有利于我国经贸教育走向国际，便于经贸院校对外交流和吸收一切有益的人类文明成果。

(二)对外经贸教育如何与国际工商管理教育接轨

改革和改造我国的对外经贸教育，建立国际工商管理学科体系，是我国社会主义市场经济体制的需要，是四十多年来培养经贸人才经验的总结，也是经贸学科自身发展的必然趋势和改革的方向。如上文所述，我国的对外经贸教育从建立之初就带有商科教育的雏形。经过四十余年的发展与改革以后，一些专业和学科已具有国际工商管理学科的某些属性。因此，将对外经贸教育改造为国际工商管理教育，是一个自我扬弃、自我完善的发展过程。在这一过程中，我们必须转变教育观念、更新教学内容、改进教学方法、加强科研工作，建设一支结构合理、素质精良的师资队伍。为此要解决好以下几个问题。

1. 要转变办学模式和服务对象

解决以前的对外经贸教育不适应已经变化了的经济体制和外贸体制的问题，关键在于重新认识对外经贸教育的服务对象，以便确立新的办学模式。在社会主义市场经济体制下，要求经贸院校的人才培养规格主要是经营管理型工商企业人才。经贸教育的服务对象应转向主要为跨国经营的工商企业培养经营管理人才服务，要以企业的跨国经营管理活动为主要内容，将传统的部门经济管理和计划执行型人才培养模式改革为企业经营应用型人才培养模式，树立起以企业为本位的办学思想。

2. 根据市场经济的客观需要设置专业和方向

我们现有的对外经贸类专业经过多年的建设，渐趋成熟，且富有中国特色，在向国际工商管理专业转轨中，应根据国际工商管理学科建设的需要，作为其属下的专业或专业方向，继续予以完善和发展。同时，还应根据市场经济的需要，拓宽已有专业的口径。另外，随着改革开放的深入和社会主义市场经济体制的逐步建立，我国企业参与国际商务活动必将更广泛、更复杂，我们除了要继续保持和发展既有专业的优势外，还要努力创造条件，开辟新的专业或专业方向，包括引进和消化国外国际工商管理学科的某些专业和专业方向，另起炉灶，直接新设国际工商管理教育的一些专业。

3. 对已有的对外经贸类课程体系进行结构性调整

对外经贸教育要转变服务对象，建立国际工商管理的办学模式，必然要求对现行经贸类课程体系和内容实行结构性的调整，既要开设一般的工商管理类课程，又要开设国际工商管理专业特有的理论和实务课程，以及相关配套课程。这些课程中很多在对外经贸教育中已设置，这就要求我们把改造老课程与开设新课程并重。在改造老课程中，经济理论课程要紧密联系实际，研究现实问题，探讨当代国际国内经济运行与发展的规律；实务类课程要弃旧扬新，及时反映国际商务活动的新的做法和要求，加强规律性研究，提高实务课程的理论层次；引进课程要与中国实际相结合，加速其中国化进程。

4. 抓紧师资培训，优化师资结构

我国各经贸院校和专业普遍存在着国际工商管理方面的师资力量不足的问题，培训师资的任务十分紧迫。在由对外经贸教育向国际工商管理教育的改革过程中，新学科、新专业和新课题的建设都要求我们的广大教师调整知识结构，在不太长的时间里，迅速学会原先不熟悉或不懂得的东西，以适应国际工商管理教学的需要。可以说，对外经贸教育向国际工商管理教育转轨成功，其最终决定于结构优化、素质精良的师资队伍。我们一定要抓好师资培训，不断优化师资结构。

第四节　工商管理教育的培养目标

一、对培养目标的界说

工商管理教育的培养目标是一项综合性和系统性很强的课题。它既是一个直接反映一定工商管理教育思想的理论问题，又是一个对工商管理教育事业产生导向作用的实践问题；既关系到工商管理教育自身的改革与发展，又与整个社会的改革与建设密切相关。

探讨工商管理教育的培养目标，离不开对培养目标本身的界定。自有高等教育以来，培养目标一直是人们在不同层次、角度和深度上研究与讨论的基本问题之一，然而，与其他基本问题如“高等教育的本质”“高等教育的功能”等问题一样，至今尚无定论，但越来越趋于共识。目前，关于培养目标，主要有三种界说。

第一，培养目标是教育目的的亚概念。教育目的是把受教育者培养成为一定社会所需要的人的总要求，它规定着人才培养的质量规格。培养目标是根据教育方针所指明的教育目的而制定的，是培养学生应达到的要求和标准。培养目标是教育目的的具体化。

第二，培养目标有广义和狭义之分。广义的培养目标指一般的教育目的；狭义的培养目标即指各级各类学校或专业的培养要求。

第三，培养目标有层次之分。培养目标分为三个层次：一是党和国家的教育方针；二是各校在教育方针指导下，带有自身特点而设立的人才培养目标；三是各专业具体的符合各类专门人才基本规格要求的培养目标。

对培养目标的这三种理解，都有其道理，虽然在培养目标这一概念的外延上有较大的区别，但仍有共同点。关于培养目标的第一种界说、第二种“狭义”的界说、第三种第二层次的界说是基本一致的。本章拟探讨的培养目标正是这种第一种界说、狭义的或第二层次的培养目标。这也是我们通常意义上所指的培养目标。

二、确立培养目标应考虑的要求

教育的培养目标，是指将学生培养成什么样的人。它是根据社会的政治、经济、文化和科学技术发展的要求，以及受教育者的身心发展水平而确定的。确定高等教育包括工商管理教育的培养目标，一般应注意以下几个方面。

（一）要以马克思主义关于“人的全面发展和个性自由发展”的学说为科学基础和理论依据，体现社会需要与个体发展需要相结合

作为高等教育，既要为社会的发展服务，又要为人民的发展服务。这也是高等教育与社会发展的关系、与人的发展关系的体现。任何教育都是通过培养人来为社会服务的。人是处在社会中的人，培养人固然要从社会需要出发，但同时，高等教育是以人为对象，要遵循人的身心发展规律，通过促进每个人的发展来推动社会的最终发展。所以，作为高校培养的人才，除了要具有现代社会对人才的要求外，还应求得心理、情感、意志水平的均衡发展。

马克思在《资本论》中指出，共产主义社会的基本原则是“每个人的全面而自由地发展”。全面发展是相对于片面发展而言的。马克思把片面

发展的人称为“只是承担一种社会局部职能的局部个人”，而把全面发展的人称为“把不同社会职能当作互相交替的活动方式”的个人。恩格斯认为全面发展的人是“各方面都有能力的人，即能通晓整个生产系统的人”。同时，马克思主义也是主张个性发展的。马克思在对“粗陋的共产主义”进行批判时曾说：“这种共产主义，由于到处否定人的个性，只不过是私有财产的彻底表现”。个性自由发展指的是个体的人所具有的特质、特长、兴趣和爱好等的自由发展。

个性的自由发展与人的全面发展是互为依存的。人的全面发展与个性发展是一个漫长的发展过程，只有到了共产主义社会，人类彻底解放之时，才是实现真正的完全的人的全面发展和个性自由发展之日。社会主义社会为这一目标的实现提供了初步的条件。当前我国还外王六的机级险段，因此，我们强调的培养目标应是与这个时期的社会、经济相适应的初级水平的全面发展和个性发展的人。

（二）教育方针与培养目标的关系决定了我国高校培养目标的总要求：为社会主义现代化培养德智体全面发展的高级专门人才

基于上文我们对培养目标的理解，教育方针与培养目标的关系应该是一种包容关系，后者受前者的制约，前者为后者的导向。制定和调整培养目标必须体现某一阶段教育方针的精神，与教育方针相一致，以教育方针为导向。

我们党的教育方针，是根据马克思主义关于人的全面发展的学说为指导思想提出来的。对于党的教育方针，在不同历史时期，有不同的表述方式，但本质含义是一致的。党的十三届七中全会提出了“教育必须为社会主义现代化服务，必须同生产劳动相结合，培养德、智、体全面发展的建设者和接班人”的教育方针。它是我国在相当一段历史时期内的教育基本政策的总概括和教育工作发展的总方向（即为社会主义现代化服务）。同时，这一方针也指出了教育的基本途径（即教育同生产劳动相结合），并且还高度概括了我国的教育目的（即培养为社会主义现代化服务的德、智、体全面发展的建设者和接班人)。这一方针是党和国家对我国各级各类学校的总要求和各类人才要求的总规范。党的十一届三中全会把工作重点转移到以经济建设为中心的轨道上来。现在又把经济建设转移到依靠科技进步和提高劳动者素质的轨道上来。两个转轨充分表明,教育为社会主义现代化服务将是我国教育发展的一项长期的重要任务。不论今天和明天,它都是我们培养人才的根本着眼点。

教育为社会主义现代化服务是通过其培养的人才来实现的。就高等教育来说,它相对于普通教育而言,是一种专业教育。其根本目的在于培养高级专门人才。教育是分工的产物,我国各类高等学校是根据社会主义建设事业不同分工的需要而设置的。正是这种分工的合作,各类高校通过培养各个学科领域的高级专门人才来为社会主义现代化各个方面服务。工商管理教育作为工商管理学科领域的高等教育,理应通过培养工商管理学科领域的高级专门人才来为社会主义现代化事业服务。这是工商管理教育人才培养目标的基本要求。

(三)社会的变迁与发展对高级专门人才的要求:知识面宽,能力强,后劲足,心理素质优

社会的变迁与发展对高等教育的冲击首先表现为对培养目标的冲击。它们直接和间接地投射到培养目标上来,即社会的发展与变迁对高等教育的目标产生着巨大的改造更新作用。高等学校的变革要与社会变迁同步协调,就要摒弃其培养目标的超稳定性,不断调整其培养目标,刻上社会变迁的烙印。在主动适应社会变迁需要的过程中,积极而又深刻地影响社会的变迁。随着来自社会变迁各方面的影响以及教育体制本身的完善,虽然对高等教育培养高级专门人才的总体要求没有变,但专门人才的内涵已发生了明显的变化。总体来说,在规格方面,社会的发展对专门人才的知识结构与能力素质要求上提出了一些引起人们普遍关注的共同要求。其主要表现在几个方面。

1. 通才化

通才化的目的有两个:一是为进一步的专业学习打基础;二是为适应

未来科技的发展需要做准备。现在，终身抱守一门专业的时代已经过去。社会职业的变动和科学技术的飞速发展，都要求个人的知识面应宽广一些。在人才培养上，我们应从仅仅注重眼前需要和考虑近期效用转向注重未来需要，考虑长远功能。

2. 智能化

面对知识的激增和社会生活的复杂性，一个人在有限的时间里只能学习一部分知识，不可能学习全部知识和技能，只有有效地对所学知识进行选择，才能有效地开拓智力。人的最重要的智能，是逻辑思维和信息加工的能力，其中包括发现问题、分析判断问题、综合解答问题，即对各种问题进行信息化处理，并进行交流的能力。

3. 工艺化

现代社会既是一个重理论知识的社会，又是一个重理论应用的时代。将理论转化为实践能力是市场经济尤为强调的。这就要求学生在学习期间掌握一定的技能技巧。

4. 动力化

所谓动力素质，包括责任心、事业心、成就动机、冒险精神以及非凡的毅力等。这些品质，是激励一个人更为持久奋进的因素，对成功具有直接的重大的影响。

这些趋势无疑对高级专门人才提出了新要求，除了要掌握专业基础理论、基本知识和基本技能外，更要注重在比较复杂的情况下分析问题和解决问题等各方面能力的培养，而且还要加强其心理素质的提高。在性格方面，应当培养学生积极热情、勇敢坚韧、冷静镇定和谦虚自重的品质；在思维方面，应该培养学生敏锐机智、博闻强记、客观求实和慎思明辨的特性。例如，日本一些大公司总结选人、用人的经验，普遍认为，只会照章办事、模仿前人的人不可能大有作为，而把健康诚实、富有活力、具有强烈的求知欲和好奇心、具有高度的责任感、积极主动地提出问题、能自我开发、协调人际关系、敢于迎接挑战、坚韧不拔、意志坚强、开拓进取等良好的心理品质作为人才的重要标准。

(四)现代化和跨世纪对高级专门人才培养的要求:有正义感、国际通用、一专多能

加速教育改革,培养具有现代化素质的跨世纪人才,迎接世界科技革命的挑战,这已成为世界性的热门话题。就高等教育而论,很多国家已充分认识到,当今世界竞争即综合国力的竞争,其实质是科技和人才的竞争,其基础则是教育竞争。因而相应改革高等教育,调整培养目标。

国际大学联合会 1983 年 4 月在慕尼黑举行会员大学校长会议,与会者一致确认“理想大学生”应有以下三个共同特征。

1.他应该具有坚实的专业知识,尤其是应该掌握他所攻读专业的方法论。

2.他应该具有把在攻读的学科中获得的知识,一方面同实践,另一方面又同其他学科所取得的成果相互结合的能力。

3.他应该不仅是一个训练有素的专家,而且也是一个善于把他的知识超国界、超文化界限进行交流的人。

联合国教科文组织提出:80 年代的教育是要教人“学会生存”,21 世纪的教育应当是教人“学会关心人”。“关心社会和国家的经济、生态的利益”“关心全球的生活条件”“关心他人”“关心真理、知识和学习”“关心自己的健康”。1990 年 12 月,在我国召开了“面向 21 世纪教育国际研讨会”,其专题讨论会的报告认为:“21 世纪最成功的劳动者将是全面发展的人,将是对新思想新机遇开放的人”。经济合作和发展组织的教育研究与革新中心认为:未来的人应当掌握三本“教育护照”,一本是学术性的,一本是职业性的,第三本则是证明一个人的事业心和开拓力的。苏联《文学报》花了整整 2 年时间,大规模地讨论“未来的人该是怎样的?”,其结论指出:未来的人集中了现代人的优点,意味着人们将发展成为具有独创精神、自行学习、自我教育、自己管理自己,意味着造就一个均衡的全面发展的人。

上面的这些关于跨世纪对未来人才的素质要求的讨论,对我们培养适应跨世纪挑战的人才,提供了重要的启示。这些讨论一般把自主学习、

理论与实际相结合、本学科与相关学科相结合、创新精神以及事业心、责任感等良好的心理品质作为现代跨世纪人才所必须具备的素质。总结人们对跨世纪人才要求的探讨,我们认为,跨世纪人才素质的本质特征主要表现为。

(1)国际通用性。世界在变小。各国之间、各民族之间、各洲之间的界线越来越模糊,国际的交流日益频繁。这不仅是新科技的功劳,也是世界经济发展的必然要求。未来的人才如果不面向世界,不通晓外语,不熟悉国际惯例,很难为开放的世界作出更大的贡献。

(2)一专多能。科学家预测 21 世纪人们在社会经济领域遇到的问题将具有五个特性:普遍性(任何地区、国家);整体性(人类生活的各方面、各部门);复杂性(人口、经济、技术、生态、伦理);深刻性(一般措施解决不了);严肃性(影响到人类的生存)。解决这些问题的未来人在素质上必须握有一张“多用通行证”。他不仅在自己的领域上具有专长,在其他领域也必须有所熟悉。

(3)正义型。未来人才的素质要求,不仅需要知识和技术做支撑,还需要具有强烈的事业心和正义感。他不仅为自己的生存而活着,还必须用自己的聪明才智为国家、为社会作贡献。

具备以上三个特性,未来人才应该是:第一,能坚持有效地吸收人类文明中有用的信息、知识,具有一定的智能,是知识和信息的合格载体。第二,能从事创造性劳动,是知识信息组合增强的有效动力源。第三,其创造性劳动成果能自觉地服务于人类的进步和正义事业。

三、工商管理教育培养目标的界定

不同国家、不同学校,对工商管理教育培养目标的界定是不完全相同的。美国哈佛大学商学院宣称:我们是以造就企业总经理为目标的。斯坦福大学商学院培养 MBA 研究生的具体目标之一是:使学生了解商业活动中不同的经济、政治和社会环境,培养学生适应外部环境,有效运用所学的知识和经验解决实际问题的能力;使学生掌握会计、金融、经济学、市场营销以及生产管理等领域内的基本分析技能，把各种技能应用于解决问题和战略开发，在应用的过程中发展学生的专门知识。

关于工商管理教育培养目标的确定，我们认为，除了应考虑上文所阐述的确定高校培养目标的基本要求外，还应考虑工商管理教育的特性以及社会对工商管理教育的特殊要求。基于这种认识，我们认为工商管理教育的培养目标是：培养德智体全面发展的，具有现代管理意识和战略眼光的，扎实掌握生产、财务、金融、营销、经济法规、国际商务等以工商管理学科为核心的跨部门多学科的基础理论、基础知识、基本技能和管理手段，熟悉市场经济运行机制，能有效地管理社会化大生产并在国内外市场开展经营与竞争的国际导向性、应用型和复合型的高级工商企业经营管理人才。

工商管理学科有很多专业方向，不同专业方向应该有不同的目标。工商管理教育具有本科、硕士、博士以及在职培训等多种层次，不同层次的工商管理教育也应该有不同的具体的培养目标。上面表述的培养目标只是对工商管理类专业或方向的共同要求。不同层次的工商管理教育只是在人才规格上有所不同。不同专业方向则在所掌握的基础理论、基础知识和基本技能上有所不同，其总要求是相同的。因此，以上表述的工商管理教育的培养目标对各层次、各专业方向的工商管理教育具有广泛的适用性。除此之外，该培养目标还具有以下一些特点。

（一）强调了德、智、体全面发展，符合马克思主义关于人的全面发展学说的指导思想

需要说明的是，不同国家的工商管理教育对德育、体育的要求是不同的。因此，在具体表述一个国家的工商管理教育的目标时，应该加上对德育、体育的具体要求。例如，我国的工商管理教育则应强调德育为首位，坚持社会主义的办学方向，在德育目标方面体现社会主义工商管理教育区别于资本主义工商管理教育的本质特征。我国工商管理教育的德育目标应该培养学生：初步掌握马克思主义基本原理，树立正确的世界观和人生观；热爱社会主义祖国，坚持四项基本原则，拥护改革开放；具有为人民

服务的精神，脚踏实地，实事求是和理论联系实际的作风；具有高度的责任感和强烈的事业心和进取心，富于开拓性和创造性。在我国进一步扩大开放，学习国外先进科学技术和管理经验的同时，要教育学生正确认识我国国情，继承中华民族的优秀文化传统，培养民族的自尊、自信、自强、自立的精神。为了实现德育目标，首先，必须加强工商管理院校党委对德育工作的领导，发挥党、团基层组织和党团员的政治作用；其次，要建立强有力的思想政治工作保障体系，切实完善政策导向，稳定德育队伍，提高德育工作者的素质；此外，要努力建设与现代化进程和社会主义市场经济相统一的、融中外文化精华于一体的现代校园文化氛围，把尊重人、关心人、爱护人与武装人、引导人、塑造人、鼓舞人有机地统一起来。

（二）指出了所培养人才的基本规格，反映了工商管理教育的基本特征

工商管理教育的三大基本特征，即应用性、综合性、国际性。这些基本特征决定了工商管理教育的人才规格应是国际导向性、应用型、复合型经营管理人才。

工商管理教育的应用性要求所培养的人才应是一种应用性的，不是经济理论分析型的。它所培养的应是熟悉市场经济运作，能有效开展国内外市场营销与竞争，管理社会化大生产的经营管理人才。

工商管理教育的综合性要求所培养的人才应是一种复合型的。无论是工商管理教育的本科，还是工商管理硕士、博士教育，都是有一定的学时限制的，我们不可能在有限的学时内把学生造就成无所不能、无所不通的全才，但我们至少应设计优化的教育方案，将学生培养成一种包含两个专业或专业方向以上的复合型管理人才。不同的专业方向可根据本专业方向的特点，培养有别于其他专业方向所培养的复合型管理人才。如果我们培养的学生只会单纯地从事某一项或某一环节的工商经济活动，专业口径狭窄，适应面不宽，那么，学生毕业后就无法在广阔的经济舞台上大展身手。因此，培养复合型的工商管理人才也反映了社会对高层次管理人才的需要。

工商管理教育的国际性要求所培养的应是一种国际导向性的，既能胸怀祖国，把握本国国民经济的发展趋势，又能放眼世界，具备熟悉他国经济环境，能够研究国际政治经济风云变幻，运用国际竞争战略的能力。我们把工商管理教育的人才规格之一定位为一种国际导向性人才，是与当代国际经济发展全球化趋势相适应的。同时也与各种类型的大中型企业，尤其是外向型企业，包括外贸公司、工贸、农贸、技贸公司、合资企业，以及各种外向型经济活动，包括企业的国际贸易、国际金融、国际直接投资、国际技术转让等所要求的人才特征相吻合的。

（三）在强调培养应用型人才的同时，强调了现代管理意识和战略眼光的培养

工商管理教育培养的应用型人才不是一种简单的操作性的人才，而应是以理论和方法论为基础，培养学生树立企业管理的全局观念、发展观念和灵敏的应变能力，要培养学生或学员的战略眼光。

战略一词源于军事术语，是指对战争全局的筹划和指导，泛指对重大的、带全局性或决定全局的谋划。如今已被广泛用于社会政治、经济等生活的各个领域。我国古代的汉高祖刘邦与大将韩信论将，韩信认为，“能领兵者，谓之将才”，“能领将者，谓之帅才”。有战略眼光的人才，应是一种韩信所说的“帅才”，是一种决策型人才，具有一定的综合分析能力，能在复杂多变的情况下，审时度势，运筹于帷幄之中，应对可能产生的变化，使工作得到全局性的创新，是一种集各类人才之大成的高级人才，尤其应具备“关于大问题的知识和思想”。美国人把这种人才称作企业战略家。著名的哈佛大学商学院肯尼斯·安德鲁斯教授给这种企业战略家下了这样的定义：战略家就是要对以下问题进行思考并综合决策：在变化的环境中，根据可查明的，可互相代替的方法中认出公司可能干些什么；根据资源和实力决定公司能干些什么；根据管理人员的价值观决定公司想干些什么；按照认定的私营公司对社会应负的责任决定它应该干些什么。

虽然由于各国文化背景不同，对有战略眼光的人才的理解不同，但不难看出其基本意思是一致的，即要求有综合决策能力、分析问题能力和应

变能力，具有动态的发展观念和一定的超前意识和强烈的竞争意识，培养学生的战略眼光。这一培养要求符合大中型工商企业，尤其是开展国际化经营企业的需要。

第五节　工商管理人才的知识结构与能力素养

实现上节描述的工商管理教育的培养目标，要靠对未来的工商管理人才知识结构的塑造来实现。因此，本节将着重探讨工商管理人才的知识结构，以为实现工商管理教育目标设计教育方案提供蓝图。

一、工商管理人才的主要知识模块

知识结构一般是就个人知识体系的构成与组合方式而言，即学生所学到的各种知识在其头脑中所处的位置状况以及这些知识的相互联系与影响。知识结构是一个比较模糊、抽象的概念。我们无法精确地计算工商管理人才的各种知识的数量和比例。从大量的调研和工商管理教育实践中，我们可以粗线条地提出上节中所述的国际导向性、应用性、复合型高级经营管理人才所需的几大知识模块。

（一）思想品德方面的修养与知识

现实中许多经济和法律上出现的问题，其根本原因出在人的道德和人格上。市场经济越发达，对于人的品格和道德修养的完善的要求也越高。具备现代社会所需要的优秀思想道德和品格素养，是工商管理人员健康成长的客观需要，也是工商管理院校的学生们走上管理岗位后工作和生活的需要。主要包括人生哲理、伦理学、思想品德等方面的知识。

（二）宽厚坚实的工商管理学科的专业基础知识和比较高深的专业基础理论知识

这是工商管理人才知识结构的主干核心部分，决定着其知识结构的性质和目的。它应包括如下四个方面。

1.经济理论:主要包括政治经济学理论、经济学、宏微观经济学、国际经济贸易理论、经济运行体制与机制等。

2.经营管理理论与实务:主要包括企业管理的理论和方法;企业各种工商活动的经营管理知识,涉及工商企业的生产、财务、金融、营销、人力资源管理等各种管理职能方面的理论与实务。

3.财务、会计原理与实务:主要包括财务管理、会计原理、财务会计、管理会计和企业经济活动分析等理论与实务。

4.行为科学和领导科学方面的知识:主要包括组织行为学、领导科学、公共关系学、企业家战略、企业文化、企业家精神等方面的基础知识。

(三)外语、计算机及其他方面的工具性知识和方法论知识

这是被企业界认为的工商管理院校学生毕业后除专业知识外的“第二条腿”。不具备熟练的外语水平和计算机及其他现代科技运用技能,是无法从事现代工商管理的。

在外语水平方面,工商管理人才应具备听、说、读、写、译的全面能力,它应成为工商管理人才从事工商管理活动和在更广泛领域进行国际交流的工具,同时也是开设工商管理类一些专业课或专业基础课的手段与基础。例如,开设国际贸易、国际商法、国际金融、国际营销等国际分量高的课程都需要一定的外语基础或直接运用外语进行教学和学习。没有较高的外语水平要求,谈不上培养国际导向性的工商管理人才。

计算机的重要性自不必说。其他工具性知识主要是指其他现代化交流工具的使用等有关知识,其目的在于提高工商管理人才的数量分析能力和接受、处理经济管理信息能力及其他有关现代科技应用能力。

方法论知识,主要包括科学方法论、创造方法论和思维方法论,以及决策学、运筹学、哲学、自然辩证法、逻辑学等方面的知识。

(四)工商管理学科的相关学科及其他学科的知识

这是工商管理人才专业知识结构的有益补充,是培养复合型、综合性工商管理人才必要的组成部分,也是从事工商管理业务的客观需要。它主要涉及三个方面的知识。

1. 人文科学知识：主要包括政治、历史、经济地理、心理学等方面的以及培养工商管理人才所需的社会和文化方面的知识。

2. 理工科知识：主要包括数学及其应用、自然科学的基础知识、现代科学技术知识及其应用等。

3. 经济法律知识：包括国际商事法律和国内经济法知识。

（五）实践性知识

这是工商管理人才知识结构中不可缺少的一部分，是工商管理教育理论联系实际，培养应用型人才不可缺少的组成部分。它主要包括社会活动、社会调查、生产实践、管理实践等方面的知识。

以上五大知识模块是我们关于工商管理人才知识修养基本要求的描述。我们认为，各类工商管理方向的人才和各层次的人才都应具备这五大模块的知识要求，但这里需指出以下几点。

1. 五大知识模块并不是分割孤立的，而是交叉渗透的，有的甚至还有机地结合成一门综合性课程或广域性课程以及边缘性课程。

2. 每一模块中各类知识也不是平分秋色的，而是按培养目标的要求和知识间的逻辑关系有轻重之分。

3. 不同的知识模块有不同的课程开设方式，必修、选修或是以学生自学形式等。

4. 工商管理学科不同专业方向有不同的知识模块组合，不同的教育层次在各知识模块中有不同的深度与广度的要求，这些区别要视具体情况而定。

二、工商管理人才飞机型知识结构模式

上面我们归纳了工商管理人才所必备的五大模块方面的知识，但怎样表示出各种知识的地位、关系和作用，则是知识结构模式应该揭示的问题。

关于知识结构模式，教育界和人才学界有一些研究和设想。除了我们过去通常所说的“宝塔型”“衣架型”等知识结构模式外，还有一些人提

出一些新的知识结构模式的设想，如下：

1.“T”型结构。“T”上面的一横线代表知识面，下面的一竖线代表知识的深度。“T”型知识结构的人才是知识既博又专的人才。

2.“X”型结构。它包含两种含义，第一，是指要系统地掌握两门专业知识；第二，是指其掌握的两门专业知识要有一个明显的交叉点和结合部。

3.“H”型结构。“H”的两条并行线代表两种并列的知识，而中间的横线则表示两种并列知识存在着一种内在的有机联系。

“三角型”“宝塔型”“衣架型”的知识结构大都是针对专业人才而言的，这与工商管理人才所强调的复合型、综合性是不相符合的。列举的“T”“X”“H”这三种类型的知识结构模式则都与通才和专才结合的观点不谋而合。特别是“H”型结构这一设想的提出，对我们培养“双肩挑”“多面手”和“多才多艺”的新型复合型人才有一定的积极意义。我国近年来一些高校试行的主副修制正是这一设想的具体尝试。但无论是“T”型、“X”型，还是“H”型模式，都难以较好地描述工商管理人才所需的五大知识模块间的关系与构成。这里，我们以“飞机型”来描述工商管理人才的知识结构。

（一）机身后部：代表社会生活修养的一般常识

这是工商管理人才必备的基础文明知识和广泛参加各种社会活动和商务活动不可缺少的基础。它包括政治、文化、历史、地理、法律、经济等全方位的常识，包括进行国际商务活动所需的国际知识，尤其是当地的风土人情、社交礼仪等。

（二）机身中部：代表工商管理学科的专业知识和其他相关学科的专业知识

它包括工商管理学科和其他相关学科系统的专业基础、专业理论和专业技能知识。这部分知识是工商管理人才知识结构的核心。工商管理人才的专业知识应是一种多学科知识的复合，至少是经营管理专业、理工专业和经贸专业知识的复合。在现在和未来的世界经济中，跨国企业或公司将在新技术革命中居中心地位，国际化、集团化、实业化以及产供销一条龙的企业发展趋势，要求工商管理人才既要通晓国际经济贸易、金融、法律、国际财会的理论知识，又要掌握商品、产品知识，以及相关的理工技术知识和技能，并具有综合经营管理能力。

（三）机头部：代表专业前沿阵地知识

它包括多学科专业和所从事工作的最新成果、攻坚方向和研究动态方面的知识。这是工商管理人才在激烈竞争中立于不败之地的基础。

（四）尾翼：代表政治思想品德和方法论知识以及一些现代管理观念

飞机尾翼是调整飞机航向的重要部件。对我国的工商管理人才来说，没有马列主义原理和坚定的社会主义信念来导航，“飞机”就会迷失方向。“德育首位”也是我国培养工商管理人才的基本原则。另外，方法论知识和现代管理观念也是工商管理人才发挥智能的中介物，是走向成功的桥梁。

（五）机翼之一：代表外语水平

外语是进行情感、信息、文化、历史、风土人情等国际交流的工具，尤其是从事企业跨国经营业务和管理的第一手段。专职从事企业跨国经营业务管理的工商管理人才的外语水平应能与母语表达水平相当。正如人们通常所说的能够用外语“吵架”。随着经济的全球化，企业发展的市场多元化，要求优秀的工商管理人才应掌握两门以上的外语，是一种在语言上复合的人才。

（六）机翼之二：代表计算机和其他先进的科学技术工具的使用与操作知识

这既是企业管理现代化所必不可少的，也是工商管理人才从事经营管理业务的工具。

(七)机轮:代表实践知识

理论同实践之间往往有很大的距离,而工商管理活动本身就是一种在一定理论指导下解决实际问题的实践。丰富的经营管理经验或实践知识是工商管理人才在复杂多变的情况下独立分析和解决问题的有利条件。没有机轮在跑道上滑动和助跑,飞机是无法起飞和降落的,缺乏实践知识,工商管理人才也难以“起飞”。

(八)螺旋桨:代表美育知识

螺旋桨在飞机中是起引动作用的推动器。美育知识可以陶冶人的情操,培养创造力,是各种知识的催化剂。在整个知识结构中起一种协调、加温和使知识升华的作用,从而促使工商管理人才的知识结构更好地发挥整体功能,起着螺旋桨的那种推动作用。

(九)发动机与燃料:代表非智力因素

这主要包括高度的责任感、事业心、成就动机、冒险精神以及非凡的毅力等良好的心理品质。飞机起飞和航行一刻也离不开动力因素发动机与燃料。因此,在构建工商管理人才的知识结构时,还应强调动力因素即优良的心理素质。

(十)空气和空间:代表社会使用环境

没有一定的空气和空间,飞机是不能飞行的。同样的道理,没有良好的社会使用环境,具有一定知识结构的工商管理人才,也是没有用武之地的。因此,我们在构建工商管理人才的知识结构时,一定要充分考虑社会的需要。

当然,我们构建的工商管理人才“飞机型”知识结构并不是十全十美的,它只是一种比较形象化的表述。不管是用一种怎样的模式来.表示工商管理人才的知识结构,工商管理人才的知识结构应是一种复线发展的、多维性的立体结构,应至少包括经济学、管理学、行为科学、经济贸易等学科的知识。这样丰满的知识构成才能使工商管理人才在现代企业的经营管理中立于不败之地。另外,工商管理人才的知识结构不应是一种僵化的、固定的结构。它应是一种动态的、开放的、能及时进行自我调节的结构。

需要说明的是，我们对任何类型人才素质结构的探讨，都是一种较为理想的描述。这并不意味着不具备这种结构的某项或几项要求，就不是工商管理人才。或者说，如果按照上面所阐述的知识结构来评判，那么，现在很少有合格的工商管理人才。我们对工商管理人才知识结构的理想探讨，只是为工商管理人才的培养提供规格要求，是工商管理教育的理想追求，是工商管理人才的“应知应会”，而不是“已知已会”。

三、能力与知识的关系

现代世界已经把开发智能提高到极其重要的地位。各国为了在国际竞争中立于不败之地，都在加强能力培养。

优化素质结构，既要掌握知识，又要发展能力。作为培养企业应用性管理人才的工商管理教育，更应注重学生能力的培养，尤其是管理和经营决策能力的培养。以工商管理硕士教育为例，MBA 的培养与一般注重学术研究的硕士研究生的培养是不一样的，只重知识的传授和学术研究，不重能力培养，培养出来的学生是不符合工商管理教育的培养目标的，也很难称之为 MBA。能否培养高质量的 MBA 学生和其他层次的工商管理人才，重在能力的塑造。

广义的能力包括一般能力、特殊能力和高层次能力。一般能力即智力，包括注意力、观察力、记忆力、想象力和思维力，以思维力为核心。特殊能力即狭义的能力，有时也简称能力，是从事不同专业实践活动的人所具有的专门能力。高层次能力即创造力，是建立在一般能力基础上，由多种能力构成的综合性能力。

简单点说，能力(广义的)包括：一般的基本的能力——智力；特殊的专门能力——简称能力(狭义的)；高层次的综合性能力——创造力。

从另外一个角度划分，能力又可分为工作能力和学习能力。工作能力是输出劳动改造客观世界的能力，包括以体力和脑力从事生产劳动的能力、动手操作能力、分析和解决实际问题的能力、口头和书面表达能力等等。由于个体作用于外界，要通过群体来实现，群体关系的优劣往往影响个体工作效果的有无和大小，所以工作能力也包括组织管理能力、人际交往能力、协作交流能力等社会活动能力。学习能力是输入蓄能改造主观世界的能力，包括自学能力、一般学习能力和学科学习能力等。

能力受先天生理条件的制约，但主要是由后天实践活动决定，由知识转化而成。培养能力必须通过实践反复训练。在实践的基础上经过大量的学习，使知识系统化，并以技能的熟练为中介，方能形成能力。

有些能力可以不依赖于知识而直接在实践中获得。但是一般来说，能力需要以知识为基础和支柱，无知即无能。很多能力只有在掌握知识的基础上才能形成和发展。知与能犹如皮与毛，皮之不存，毛将焉附。

但是，能力与知识并非绝对成正比，有了知识不等于自然而然地就有了能力，还需要有目的地加以培养。一些知识只是一种载体，只有转化为能力才有直接可用性。[①] 积累知识是重要的，重知轻能就不对了。我们不应当把学习变成不断地积累知识和训练记忆，致使能力落后于知识，造成能力与知识之间的比例失调。优化的知识结构应该智能并重。

四、工商管理人才的能力构成

对工商管理人才来说，最主要的要具备哪些能力呢？或者说，我们的工商管理教育应该塑造学生哪些方面的能力呢？从一些调研中，我们认为，工商管理教育主要应培养学生以下方面的能力。

(一)经营管理能力

这主要指工商管理人才要具备在复杂多变的经济环境包括国际环境中卓有成效地开展经营活动的能力，主要包括：有效地管理社会化大生产的能力、决策应变能力、分析市场机会的能力、经济核算能力、计算机辅助

① 李毅，东珠加，冯琳琳．工商管理学科创新人才培养模式探索与实践[M]．北京：经济日报出版社，2019.

经营管理的应用能力、处理人际关系的能力、领导组织能力、心理调适能力等。

(二)语言(外语、母语)交流表达和应用于经营管理的能力

这主要指工商管理人才要在经营管理中和社会生活中熟练地使用外语和母语,不应使自己的管理工作存在语言障碍。这方面的能力主要包括:母语写作表达交流能力,外语听、说、读、写、译能力,在跨国文化或多元文化领域开展业务的能力等。

(三)自我教育的能力

这主要是指工商管理人才为达到自己的目标而自我完善、主动适应社会发展需要的能力。工商管理人才在工作和生活中要进行良好的自我教育应具备很多方面的能力,概括起来,主要包括如下方面。

1.思想品德的自我完善能力,包括政治认识能力,个性品德的自我完善能力,心理因素自我认识、自我激励、自我调控能力等。

2.自主优化智能结构的能力。包括自主学习和更新知识的能力、自觉进行全面能力培养的能力、保持心理健康的能力等。

3.掌握科学方法的能力。包括系统运用辩证唯物主义哲学方法的能力、运用一般科学方法和具体方法指导实践的能力。

(四)科学研究能力

这主要指工商管理人才在经营管理工作中要养成科学的态度,注重调查研究,创造性地解决实际问题的能力。主要包括独立地收集和分析资料的能力、实地调查研究的能力、研究创造能力。

除以上能力素质外,工商管理人才当然还应具备作为一个现代人才必须具备的符合时代要求的一些基本能力素质。对我国工商管理院校的大学生来说,应该具有建设中国特色的社会主义的坚定信念和开拓精神,具有迎接市场经济和科学技术挑战的选择、获取、吸收新知识的意识和能力,具有适应现代化建设和社会改革要求的现代思想观念和思维方式,具有基本的文明素质和审美能力,具有参加社会实践的自觉性和必要的社会活动能力。

第三章　工商管理专业实践教学的改革与探索

第一节　工商管理实践教学的意义

工商管理专业的培养目标是："掌握现代化管理基础理论、知识和技能，懂经济、会管理，懂国际商务、善经营，既有较高的综合管理能力，又有多项职能管理能力的复合型、实用型高级管理人才。"实践教学在培育学生的管理技能和综合管理能力的过程中，发挥着不可替代的作用。也正如管理学大师德鲁克所言，管理的本质是一种实践。

一、实践教学加深了学生对管理理论的认识

工商管理专业学生的培养计划以理论类课程为主。理论作为经过验证的真实知识，是前人经验的总结，具有高度概括化和高度抽象化的特点。通过理论学习，学生可以快速掌握前人数百年来积累的知识，如通过学习管理学原理这门课程就可基本掌握管理学者百年来对管理的探索所得。但理论学习的高度概括和抽象的特点，也使得学生对经典原理的理解不够深入，往往只知其一而不知其二。如笔者在市场营销学的课堂上提了一个小问题：假如你准备在某电商平台上销售韩国面膜，有两个品牌的面膜供你选择，你会根据哪些指标判断面膜市场机会大小并进行投资？

多数同学的回答都聚焦在知名度高、消费者了解多少这些方面，而忽视了同行业竞争情况和行业集中度的情况（这是波特五力模型中的重要内容）。根据微观经济学中竞争市场和市场营销中产品生命周期的理论知识，一个行业集中度较高，代表该行业已经形成寡头垄断，已经进入成熟期，此时进入市场是缺少机会的。而较为分散的市场意味着，市场的主流标准尚未形成，产业处于成长期，此时进入市场有更大的成功机会。

通过管理实践可以使学生认识到管理理论的重要性。学生对理论学习的兴趣不高的原因往往来自学生不了解理论的价值，不确定理论是否能指导实践，认为人力资源管理、组织行为学、市场营销学、战略管理等课程自己都能看懂并且都能理解，因此对课程的内容失去了深入探究的兴趣。而通过实践教学让学生意识到理论对企业经营活动的指导作用，可以助力企业成功或者降低企业犯错误的概率。[①] 如同笔者所举的韩国面膜市场机会分析的例子，一下子让学生领悟了理论学习的价值，增加了学生学习的主动性。

二、实践教学提升了学生的管理能力

第一，实践教学可以实现理论与实践的结合。马克思主义认识论认为，实践是认识的来源也是检验认识的真理性的唯一标准，人对事物的认识也是从认识到实践再从实践到认识的多次反复的过程。根据马克思主义的认识论，学生的管理能力的培育也应该从理论学习到实践学习再到理论，实现对理论认识的升华。实践教学在学生的管理能力培育上具有理论教学不能替代的作用。

第二，实践教学可以很好地磨炼学生的意志力。青年时期不仅是学习知识的关键时期，而且是磨炼学生意志的关键时期。通过实践可以让学生对成功和失败有更深刻的体悟，在参加各种创新创业大赛中都会遇到失利和被淘汰，这让学生能接受挫折教育。通过实践教学也可以培育

① 李毅，东珠加，冯琳琳. 工商管理学科创新人才培养模式探索与实践[M]. 北京：经济日报出版社，2019.

学生坚持不懈的自制力。

第三，实践教学可以锻炼学生的社交能力。在管理者的三项基本技能中，社交能力位列其中，并且随着管理者职位的晋升社交能力变得愈加重要。但社交能力的培育，很难通过理论教学获取，更多的是一种社会性的学习和模仿。学生在参加各种大赛项目过程中，会和其他同学或合作伙伴通过密切分工合作组成团队，这有利于社交能力的提升。在实习中通过向实践岗位上的管理者和同事学习与沟通也可以提升社交能力。

三、实践教学有利于与用人单位的需求对接

实践教学有利于学生快速适应工作岗位。一项对管理岗位招聘信息的调查报告发现，90%以上管理岗位的招聘条件都要求具有相关工作经验。而通过专业实习等实践活动，是学生积累实践经验的重要途径。这些实践经验的积累不仅可以使得学生通过招聘的面试环节，而且有利于学生形成正确的工作预期，掌握必需的工作技能和人际沟通技能，能够尽快地适应工作岗位。

第二节　工商管理专业实践教学体系的构建

工商管理学科的特性决定了工商管理专业的教学设计中必须特别注重实践教学。通过实践教学体系的构建可以提升学生学习兴趣、加深学生对理论知识的理解，实现认识的深化，也能提升学生就业后的工作适应能力。工商管理专业的实践教学体系可以区分为课堂实践类、优秀人才培养计划类、社会实践类、专业实习类和毕业设计（论文）五大类别。

一、课堂实践类

课堂实践类主要是指以课程形式开展的实践活动，主要包括两大类内容：在理论课程中的实践环节以及独立开设的实践类课程。

(一)理论课程的实践环节

借助于案例分析、项目小组讨论、专题演讲等形式，将学生置于课堂的中心，提升学生的上课参与度。

案例分析是工商管理专业常用的实践教学方式。案例分析通常模拟或者以真实企业经营场景为基础，让学生通过对案例企业经营外部条件、过程和结果的分析去总结管理的理论和启示。案例分析法虽然被频繁使用，但部分案例由于与理论衔接不当，分析不够深入等原因并未起到应有的效果。使用案例分析法应该注重如下几点。

第一，案例最好来自真实的企业经营实践。真实的企业案例可以更真切地反映企业的经营和管理过程，学生面对真实的案例也更容易产生代入感，产生深入了解的兴趣。

第二，需要对案例企业资料进行详细收集，并进行深入加工。如果资料不全面就不能对案例企业进行客观和全面的评判，也不能实现对理论的呼应。应该根据理论教学的需要对案例进行编辑和整理。

第三，案例库需要进行定期更新。在当今时代，企业的发展变化日新月异，今天的成功企业明天可能就会面临失败。因此，案例库的定期更新非常有必要。

项目小组讨论也被广泛应用于工商管理专业各门课程的教学中。项目小组讨论的具体形式是将全体同学分配为若干个小组，然后由老师分配任务，由小组成员通过分工与协作共同完成，最后由小组提交项目成果。比如在学习管理学原理的企业战略这一部分内容时，为了让同学更好地理解企业的总体战略，可以让学生 3～5 人自由结合为小组，选取国内的一家知名企业，通过搜集资料描绘出这家企业从成立之后都分别采用了什么发展战略。通过对企业的发展历程的梳理，让学生认识到企业的发展战略有密集增长(专业化)、多元化和一体化等类型，并且对什么情况下会采用哪种发展战略有了更深刻的体悟。在采用项目小组教学时，需要注意如下几点：小组不宜过大，小组成员过多容易造成“搭便车”问题；小组需要有一个组长作为核心成员，起到协调和沟通的作用；对小组的成果进行及时反馈，有利于学生了解自己的工作绩效，激发其参与后续课程的积极性。

专题演讲一般是让学生对课程的部分内容或者应用课程内容、企业实例分析的结果进行内容准备和课程演讲。比如在服务营销学课程中，为了让学生更准确地理解服务营销的7P模型和服务营销质量差距模型，可以让学生选取一家优秀的服务企业的案例，用上述模型进行分析。专题演讲需要任课教师进行提前安排，并且给学生充分的时间进行线下准备。对于专题演讲的评价可以从研究内容的丰富度、运用理论是否正确、演讲表达是否流畅等方面进行。通过专题演讲可以提升学生分析问题的能力，运用理论解决问题的能力，收集资料的能力和表达能力。老师也可以借助于专题演讲调动学生的积极性，让学生在平时多用时间和精力在学习上，而不是进行考前的突击。

(二)独立开设的实践类课程

工商管理的实践类课程对于提升学生的实践能力和培育学生的创新精神具有重要作用。工商管理专业学生直接参与企业经营实践存在资金、时间等多方面的限制，所以这些实践类的课程多数是利用教学软件在实验室完成的。在开展教学实验之前需要依据教学计划制定实验大纲、实验课表，并且做好实验记录。在实验开始之前，可以先下发相关实验教学大纲供学生提前预习实验的流程。在实验过程中应该对学生严格要求，按照标准的实验流程完成。在课后需要督促学生及时复习和沉淀所学过的知识。

目前工商管理专业开设的实践课程主要有：社会调查、综合物流模拟实验、第三方B2B电子商务综合实训、国际化竞争与运营策略模拟实训A、财务成本管理（课程设计）、人力资源管理实验、MATLAB应用、市场研究方法（课程设计）A、EDI模拟实验A、现代营销综合实训、ERP沙盘推演实训。

二、优秀人才培养计划类

优秀人才培育计划是上海理工大学管理学院为了培养新时代优秀人才而特设的实践教育课程。通过优秀人才培养计划可以扩大学生的知识领域，开阔学生的国际化视野，培育学生的创新和创业能力。优秀人才培育计划分为优秀创新创业人才培养计划、优秀学术人才培育计划和优秀人才(国际)领导力培养计划三部分。优秀创新创业人才培养计划可以培养学生的创新精神和团队合作精神；优秀学术人才培育计划可以培养学生的学术研究兴趣，通过课题参与取得初步研究成果；优秀人才(国际)领导力培养计划旨在依托专业的中美合作办学背景，培养学生的国际化视野和国际化人才。

(一)优秀创新创业人才培养计划

优秀创新创业人才培养计划是管理学院工商管理系为了培养学生的创新创业能力、提升学生的实践能力和业务水平而开设的优秀人才培养类特色课程。学生可利用假期等课余时间进入优秀的企业实习，了解企业运作；也可以开展相关调研，构思有前景的创业想法；与教师和团队沟通，完善创新创业方案；最终目标是实现创新创业方案。通过该人才培养计划，学生能够尽早了解当今创业环境和基本规则，在本科阶段就开始进行创新创业探索，提前孕育创新创业方案，为有意在未来自主创业的学生奠定前期基础。同时，该人才培养计划还有利于培养学生的大胆思考能力，使学生富有创造力和企业家精神，为社会培养和输送创新创业型人才。

(二)优秀学术人才培养计划

优秀学术人才培养计划旨在对专业本科生进行基础的科学研究训练。通过在学士导师的指导下，以学生为主体开展课外科学研究活动。与课程教学活动相比，优秀学术人才培养计划可以更好地发挥学生的主动性和创造性。学生需要在导师的指导下先学习学术研究的基本流程，储备基础知识，然后在导师的指导下确定研究选题，之后进行文献的收集、数据的收集和整理、论文的撰写,以及后续的投稿修改等工作。在这一过程中不仅培养了学生的基本科学研究素养,而且锻炼了学生自主学习的能力、进行数据分析的能力、进行批判性思考的能力。

在优秀学术人才培养计划实施过程中,导师发挥着重要作用。导师应该是活跃在科研一线的教师,并且应该对培育本科生怀着极大的热情和信心。对本科生的科学研究训练比研究生周期更长,更难以得到确定性的成果,这也要求导师不能急于求成,应该保持极大的耐心。对于优秀学术人才的评价可以以学生是否发表论文为主,但考虑到优秀论文的写作及发表的周期,也可以通过系内组织专家对学生工作论文的价值进行评定来完成。

(三)优秀人才(国际)领导力培养计划

优秀人才(国际)领导力培养计划主要培养学生的国际化视野,为国内企业培养适应国际化发展背景的优秀人才。优秀人才(国际)领导力培养计划依托于中外合作办学优势,为学生参加国家游学项目,了解外国文化和提升外语交流能力提供便利。学生也可以在国际性企业实习,获取国际化大公司运作的直观感受,通过与外国员工的交流,体悟不同文化背景下管理方式的差异,为将来在国际化公司工作甚至成为领导者夯实基础。这一培养计划也适用于来自不同国家的留学生,帮助留学生了解中国,鼓励留学生在中国企业实习,使他们在毕业后愿意并能够胜任在中国工作,为中国企业输送国际化人才。

学院和系内会为学生参加出国游学或者国际交换项目提供各种所需的帮助。对于学生参加国际化比赛或者撰写英文论文,学士导师将给予完整的指导。对于优秀人才(国际)领导力培养计划的考核,主要通过学生是否参加出国游学或者国家交互项目、在国际化企业实习、参加国际化比赛、发表英文论文来评价。

三、社会实践类

社会实践类主要包括各个层面的创新创业大赛。参加创新创业大赛可以培养学生的团队协作能力、组织沟通能力,并且树立学生进行创业活动的信心。目前较重要的创新创业大赛有中国国际“互联网+”大学生创新创业大赛、“挑战杯”全国大学生课外学术科技作品竞赛、“创青春”中国大学生创业计划大赛等。

(一)中国国际“互联网+”大学生创新创业大赛

“互联网+”大学生创新创业大赛,由教育部和举办地人民政府共同主办。

“互联网+”大学生创新创业大赛的目的体现在三个方面:第一,以赛促学,培养创新创业生力军。大赛旨在激发学生的创造力,激励广大青年扎根中国大地了解国情民情,锤炼意志品质,开拓国际视野,在创新创业中增长智慧才干,把激昂的青春梦融入伟大的中国梦,努力成长为德才兼备的有为人才。第二,以赛促教,探索素质教育新途径。把大赛作为深化创新创业教育改革的重要抓手,引导各类学校主动服务国家战略和区域发展,深化人才培养综合改革,全面推进素质教育,切实提高学生的创新精神、创业意识和创新创业能力。推动人才培养范式深刻变革,形成新的人才质量观、教学质量观、质量文化观。第三,以赛促创,搭建成果转化新平台。推动赛事成果转化和产学研用紧密结合,促进“互联网+”新业态形成,服务经济高质量发展,努力形成高校毕业生更高质量创业就业的新局面。

“互联网+”大学生创新创业大赛特别强调参赛项目能够将移动互联网、云计算、大数据、人工智能、物联网、下一代通信技术、区块链等新一代信息技术与经济社会各领域紧密结合,服务新型基础设施建设,培育新产品、新服务、新业态、新模式;发挥互联网在促进产业升级以及信息化和工业化深度融合中的作用,服务新型基础设施建设,促进制造业、农业、能源、环保等产业转型升级;发挥互联网在社会服务中的作用,创新网络化服务模式,促进互联网与教育、医疗、交通、金融、消费生活等深度融合。

(二)“挑战杯”竞赛项目

“挑战杯”是由共青团中央、中国科协、教育部、全国学联和地方省级政府共同主办的一项具有导向性、示范性和群众性的全国竞赛活动。首届“挑战杯”全国大学生课外学术科技作品竞赛在清华大学举办，之后每两年举办一届。“挑战杯”竞赛始终坚持“崇尚科学、追求真知、勤奋学习、锐意创新、迎接挑战”的宗旨，在提升大学生实践能力、促进大学生快速成长和推动经济社会发展等各方面都取得了良好的成绩，是高校领域最为重要的竞赛项目之一。

“挑战杯”竞赛项目采取学校、省（自治区、直辖市）和全国三级赛制，分预赛、复赛、决赛三个赛段进行。竞赛参加者的身份限制较“互联网＋”大学生创新创业大赛更为严格。仅限在举办竞赛终审决赛的当年 6 月 1 日以前正式注册的全日制非成人教育的各类高等院校在校专科生、本科生、硕士研究生（不含在职研究生）可申报作品参赛。而博士生和毕业超过 1 年的专科生、本科生、硕十研究生不允许参加比赛。

竞赛的目的是引导和激励高校学生实事求是、刻苦钻研、勇于创新、多出成果、提高素质，培养学生创新精神和实践能力，并在此基础上促进高校学生课外学术科技活动的蓬勃开展，发现和培养一批在学术科技上有作为、有潜力的优秀人才。鼓励学以致用，推动产学研融合互促，紧密围绕创新驱动发展战略，服务国家经济、政治、文化、社会、生态文明建设。

“挑战杯”全国大学生课外学术科技作品竞赛主要分为自然科学类、哲学社会科学类和科技发明制作类。自然科学类学术论文作者限本、专科生。哲学社会科学类社会调查报告和学术论文限定在哲学、经济、社会、法律、教育、管理六个学科内。科技发明制作类分为 A、B 两类：A 类指科技含量较高、制作投入较大的作品；B 类指投入较少，且为生产技术或社会生活带来便利的小发明、小制作等。参赛作品必须由两名具有高级专业技术职称的指导教师（或教研组）推荐，经本校学籍管理、教务、科研管理部门审核确认。

四、专业实习类

专业实习是学生利用假期采用多种形式在学校之外开展的实习活

动。其主要形式是企业参观和企业实习生参与。专业实习对于巩固和完善管理学的基本知识、深化对管理理论的理解、实现理论与实践的结合、最终形成学生的概念技能和综合能力发挥着重要作用。通过专业实习使学生掌握专业知识的应用，提高学生发现问题、分析问题和解决问题的能力，提升在校学生的综合素质，促进人才培养目标中理论与实践有机结合要求的实现。

实践教学基地是学校与企业协商共建，可以用于参观和实习的企业事业单位。根据工商管理的专业特点，在选择实习基地时应该注重企业的发展特色，可以优先与那些在内部管理和营销等职能上表现优异的企业进行合作。一般应该与实践教学基地企业签订长期的合作协议。对于低年级的本科生而言，可以通过实习企业参观和企业家现场演讲等方式让同学对企业的经营流程、如何获取市场竞争优势和企业家的演讲沟通能力有直观的了解。对于企业而言，可以借助于实习基地的共建，优先安排学生在人力资源、营销、运营等岗位上进行轮岗实习。在轮岗实习的过程中应该由企业安排带教师傅，采用师徒制的方式，使学生可以尽快入手。

考虑到实践教学基地的岗位有限，而专业学生的职位偏好存在较大差异，也可以采用学生自己联系企业进行实习的方式。在暑假开始前一般会有大量企业通过各种途径发布实习生招聘的信息，学生可以通过招聘信息，进行简历投递和筛选，最终获取实习岗位。这种形式可以更好地培养学生的求职能力。

毕业实习是从学生走向社会的过渡性阶段。毕业生在实习前应该了解实习岗位的要求和工作安排，明白实习的重要性和必要性，特别是如何处理工作中的沟通关系，如何与自己的同事和上级进行沟通，尽快做好角色的转变，适应工作后的氛围。从几年来的毕业实习情况来看，多数同学都在毕业实习中收获了理论学习难以获取的管理技能。但也有少部分同学面临实习的困惑：有的同学对实习岗位不满意，因而心不在焉；有的同学在实习岗位上仅仅被安排了打印、整理资料等边缘性工作，难以接触到企业的核心工作流程，因而兴趣逐渐消磨；还有的同学因为准备研究生复试或者出国不参加实习。对于上述问题应该进行区别对待，分类解决。在实习过程中，需要进行专门的动员和讲解，让学生端正心态，充分理解企业对实习生的安排，这样可以端正态度，获取企业的认可。让学生注意遵守实习的纪律，遵从工作岗位的安排，应该保持主动的态度，不要总是被动等人安排工作，可以主动请缨。实习结束后需要对实习的过程进行总结，并撰写实习报告。

五、毕业设计(论文)

毕业设计(论文)是工商管理专业实践教学中的一个总结性环节，在人才培养计划中占据重要地位。通过毕业论文的写作可以锻炼学生综合运用经济学和管理学的基础理论的能力，也可以锻炼学生对某一特定问题进行分析和解决的能力，提高学生的写作水平和对问题进行高度概括的能力。完成了毕业论文并通过答辩，就如同工厂中的产品通过生产加工和检测合格被获准上市。如果没有完成毕业论文，只能算是半成品。

工商管理专业的毕业论文一般需要经过选题并填写立题卡和任务书、收集相关文献和资料撰写开题报告、开始论文写作、收集数据和数据处理、中期检查、上交初稿及修改、论文评阅、论文答辩等步骤。在论文的整个过程中需要注重以下几个关键的要点。

第一，论文的选题。选题是毕业论文写作的首要环节也是关键环节。能提出好的研究问题比解决问题更重要。但是工商管理系的本科生由于缺少理论的深度和储备，以及缺少实践经验，在选题中老师的指导至关重要。

第二，论文框架的搭建。现在管理学的研究已经形成了一套完善的分析问题的思路，在毕业论文写作中尽可能利用学术界认可的论文写作框架，这方面应该和现有的研究进行接轨。

第三，数据的收集和处理。如何获取所需的数据是决定论文质量的关键因素。应该根据研究的需要在一手数据或者可行的二手数据中进行选择，并且用合适的工具软件进行数据处理。

由于毕业论文工作主要在大四第二学期完成，学生面临实习、就业和研究生复试等各方面的压力，并且由于部分同学在其他城市找工作，这给毕业论文的管理带来了较多困难。指导教师应该加强对学生的过程化管理。要定期安排例会，一般一周至少一次，最好安排在固定的时间，方便学生形成习惯。通过定期例会，及时了解学生的进度。一定要掌控好时间节点，可以提前和学生沟通好重要的时间阶段，到几月几日完成哪部分内容，几月几日交初稿，这样能起到督促学生的作用。

第四章　应用型人才的基本介绍

第一节　应用型人才的内涵

一、应用型人才的定义及层次

(一)应用型人才的定义

《现代汉语辞海》将人才定义为“品德才干兼优的人;有特长的人。”《中国大百科全书》也将人才定义为“德才兼备,并有某种特长的人。”可见,人们关于人才的定义基本上是一致的。

社会对人才可以从不同的角度加以分类。从本质上说,社会所需的人才类型是由社会分工的不同需要所决定的。如按照人才所在行业领域的不同,可将人才分为政治人才、金融人才、文艺人才等。一般而言,经济和社会的发展,是人类认识世界和改造世界的过程,根据人们在这个过程中所发挥作用的不同,可以将人才大致划分为研究型人才和应用型人才两大类。

所谓研究型人才,是指发现规律、创新知识的人才。他们的主要任务是以客观规律为研究对象,从事学术性的工作,其活动的主要目的是探求事物的本质和规律,与具体的社会实践关系不是很直接。

所谓应用型人才，是指具备扎实且结构合理的基础知识，有较强的实践动手能力，特别是具有运用所学知识综合解决实际问题的能力，有从事某类专业工作的一般技能和从事相关岗位的核心技能的人才。其主要任务是将科学原理或新发现的知识直接用于与社会生产生活密切相关的社会实践领域。其活动的主要目的不是为了探求事物的本质和规律，而是运用研究型人才发现的科学原理服务于社会实践。

（二）应用型人才的层次

应用型人才可以分为不同的层次。根据在社会实践领域中所运用的知识和能力所包含的创新程度与所解决问题的复杂程度，应用型人才可以分为工程型、技术型、技能型等三个层次。

1. 工程型人才

工程型人才主要依靠所学专业基本理论、专门知识和基本技能，将科学原理及学科知识体系转化为可以直接运用于工程设计、工作规划、运行决策等社会实践的人才。在现实中，像建筑师、软件设计师、统计师、经济师、会计师等就属于工程型人才。

2. 技能型人才

技能型人才主要依靠熟练的操作技能来具体完成产品的制作，把决策、设计、方案等变成现实，转化为不同具体形态产品的人才。他们主要从事具体的社会生产实践活动，例如工程建设、加工制造、提供服务等具体的操作工作。在现实中，技工、商贸服务人员等就属于技能型人才。

3. 技术型人才

技术型人才是介于工程型人才和技能型人才之间的一种人才。与技能型人才一样，技术型人才也处于生产第一线或工作现场，但他们不是具体的操作者，而是从事组织管理生产、建设、服务等实践活动以及技术工作的人才，诸如工艺水平的设计，工艺流程的监控，生产工具、机械设备的运行与维护，以及产品、服务的改进和更新等。在现实中，那些在生产现场从事技术工作和管理工作的人才就属于技术型人才。

如果按照所受高等教育的学历层次不同，应用型人才则可以细分为专科层次、本科层次、研究生层次等。

二、应用型人才的能力结构

应用型人才究竟应当具备什么样的能力，已是教育界多年来探讨的热门话题，也是许多高校教育教学改革所探讨的一个重要内容。我们认为，在现实的社会生产实践中，各行业及岗位、岗位群对应用型人才应具备的能力的要求，无法统一，但作为一名合格的应用型人才，至少应当具备以下几个方面的基本能力。

（一）学习能力

学习能力是知识的获取与再现能力。知识获取能力指大脑对知识的吸收、加工、储存能力。在现代社会里，每天的知识与信息呈几何倍数增长，在浩瀚的知识海洋中，在博大精深的学科领域里，能捕捉到多少有益的成分，这与一个人的知识获取能力有很大的关系。知识获取能力强，接受新信息、新知识就快，知识面就宽，反之接受新信息、新知识就慢。

知识再现能力指一个人面对实际的学习情景或工作情景对知识的回忆与表现能力。它包括三个层面，第一个层面是机械性的功能回忆，即面对新的学习情景或具体的工作情景，回忆起过去所学知识。第二个层面是简单的知识加工，即将所已有的知识进行简单加工，用于解决一般性学习问题或完成一般性工作任务。第三个层面是知识创新层面，即将所获取的知识进行深度加工、重组，形成新知识用于解决比较复杂的学习问题或实际问题，这是较高层次的再现形式。

对应用型人才而言，在知识上既要有一定的深度，又要有一定的广度。即不仅要具有扎实的专业基础知识和过硬的应用性知识，还要有一定的人文、科技、方法论、财务、管理、社交等方面的知识。因此，应用型人才必须具有很强的学习能力。

（二）实践能力

应用型人才学习知识的目的在于将知识直接应用于社会实践，因此，实践能力是应用型人才最本质的特征。应用型人才的实践能力包括以下几点。

1. 组织工作能力

应具有科学指导和组织实施工作的能力，能把上级指示与本单位实际结合起来抓落实的能力，研究解决工作问题的能力。

2. 动手操作能力

应用型人才应当熟悉和掌握所从事的某专业或某行业工作的程序和方法，即专业的实践操作技能。这种实践能力是学生毕业之后从事这一专业工作所必需的，其具体内容和要求因专业不同而不同，每一个专业都有一些特殊的专业技能要求。运用专业的实践操作技能来处理工作对象中的实际问题，表现得直接具体的是对实际工作对象进行动手操作，操作的结果应该是满足该专业或该行业领域要求的工作成果。

3. 谋划决策协调能力

在谋划决策时做到明察、多谋、机智、善断、勇为，具有机敏决断的能力。

4. 调查研究能力

在解决问题时能够进行深入细致的调查研究，抓住事物的主要矛盾。从而对所从事的工作和实际情况有深入的了解和清醒的认识，不主观臆断，不盲目指挥。

（三）创新能力

应用型人才的创新能力是指具有凡事不墨守成规，不循规蹈矩，力求推出新构思、新设计，运用新方法、新方案解决问题的能力。应用型人才必须具有积极的创新意识。创新意识是开展创新活动的前提，只有在强烈的创新意识的引导下，才能产生强烈的创新动机，树立创新目标，充分发挥创造力，才能具有强烈的事业心和进取心，有理想、有抱负，追求真理，不甘平庸，才能永远不满足现状和已经取得的成绩，总是尽最大可能地发挥自己的潜能，热爱并执着地追求自己的事业。要在探索未知的过程中能够积极地运用新颖独特的方式获得新答案与成果，追求思维方向的求异性、思维结构的灵活性、思维进程的飞跃性、思维表达的新颖性。

要在实践中不断创造出新技术、新理论、新观念、新办法，这是应用型人才的创新能力的最突出的表现。

(四)协同能力

协同能力表现为人与人合作的能力。现实中的工作客体往往比较复杂，完成一项工作往往需要各方面人才的协同配合，这种配合主要体现在良好的人际关系和合作精神上。维持事业的旺盛生命力的竞争力归根到底来自团队的创造力、团队的合作精神、团队的进取心，因而信任、信用、合作以及默契等协作精神应是应用型人才的必备品质。应用型人才善于与他人合作的能力本身，就体现着自身的竞争能力。随着科技的进步、生活节奏的不断加快，创造工作越来越依靠团体的力量，个体需要与其他个体进行各种有效的交流，才能促进创造事业的共同发展。因此，应用型人才需要加强自身的人格修养，培养健全的人格，提高个人的人格魅力，学会共同生活和与人合作的能力。

(五)国际合作与交流能力

随着经济全球化步伐的加快，社会对人才素质的要求已发生变化，懂得国际运行规则和具备国际交往与运作能力的人才备受社会欢迎。因此，应用型人才除了要有宽厚的基础知识外，还要有较强的社会活动能力，特别是要有较强的国际合作与交流能力。

三、正确认识应用型人才

(一)应用型人才不是低层次人才

人才类型是由社会分工决定的，尽管同一类型的人才可以有不同的层次之分，但不同的人才类型却不存在层次的差异。从概念本身而言，应用型人才是相对于研究型人才而言的，他们只是类型的差异，而不是层次的差异。因此，我们不能说研究型人才是高层次人才，而应用型人才是低层次人才，也不能说应用型人才是高层次人才，而研究型人才是低层次人才。

(二)培养应用型人才的教育不是低层次教育

人才类型并不决定教育类型，一种人才类型可以通过一种教育类型培养，也可以通过多种教育类型培养，而且某一种教育类型也可以培养多种类型人才。

我国的大学一般被分为教学型大学、教学研究型大学、研究教学型大学、研究型大学。教学型大学可以将研究型人才作为自己的培养目标，也可以将应用型人才作为培养目标；同样，研究型人才可以成为研究型大学的培养目标，应用型人才也可以成为研究型大学的培养目标。一般而言，重点院校以培养研究型人才为主，一般本科院校和高职高专类学校则以培养应用型人才为主。它们之间并没有高低之分，每一种类型的教育都有可能成为一流，也有可能降为末流。

事实上，长期以来，我国很多专科院校设有相当比例的偏重理论性的学科专业，如文史哲、理学等，现有水平很难说是一流。相反，我国现有很多重点本科院校设有大量应用性专业，如工学、农学、医学中的诸多专业，应用文科类如新闻学、广告学专业等等，不仅办出了水平，而且办出了特色。历史证明，以应用为主的教育可以成为世界一流的教育。

(三)不能以是否培养应用型人才作为区分高校类型的标准

近年来，一些地方新建本科院校(大部分是由高职院校或专科学校升格为本科的高等院校)从高等教育大众化及地方社会经济发展的现状出发，同时也为了与传统本科院校、重点院校进行错位竞争并办出自己的特色，纷纷将应用型人才作为自己的人才培养目标，积极发展应用型本科教育。

应当说，地方一般本科院校和新建本科院校以培养应用型人才作为自己的办学定位符合社会发展的需要，但以培养应用型人才作为新建本科院校和传统本科院校、地方一般本科院校与重点院校的区别，却值得商榷。这是因为，应用型人才是相对于研究型人才而言的，培养应用型人才不是新建本科院校或地方一般本科院校的专利。就当前我国整个高等教育体系来说，除少部分研究型大学主要定位于研究型人才(其中仍然有应用型人才）培养之外，绝大多数的高等院校一直以来也在强调培养理论与实践相结合的应用型人才，如果仅以培养应用型人才为目标就把新建本科院校或地方一般本科院校定义为应用型本科教育类型，并以示与传统本科院校或重点院校的区别，这在理论上和逻辑上都是不能成立的，也是与实际不相符合的。

需要指出的是，随着知识经济时代以及我国高等教育大众化的到来，各高校都需要培养应用型人才，研究型大学也不例外。但是，不同层次、类型的高校应该侧重培养不同层次的应用型人才，准确定位，有所侧重，从而形成分层次培养应用型人才的格局。

(四)培养应用型人才要正确处理好三个关系

把应用型人才作为人才培养目标，我们在具体工作中还应重点处理好以下三个关系。

1. 知识与技能的关系

知识与技能是两大学习要素。培养应用型人才，既要重视应用技能的掌握，又不能降低对学习专业基础知识的要求。这里所要求掌握的应用技能，是指具有宽厚专业基础知识作支撑的实际工作能力和解决实际问题的能力。强调掌握应用技能，不能排斥学习专业基础知识。学好专业基础知识，才能促进应用技能的形成。

2. 应用型人才与创新的关系

创新是一个民族的灵魂，创新是人才的题中应有之义。当代大学培养的人才必须有创新精神。从这个意义上而言，不管是哪种类型的人才，不论是应用型人才，还是研究型人才，创新都应当是其最基本的素质之一。因此，严格地说，在应用型人才和研究型人才之外不应当再同时并列存在所谓的创新型人才。应用型人才固然需要更多的从事经济社会实际工作的能力，但并不意味着可以不需要创新素质。恰恰相反，应用过程中需要创新，创新的目的是更好地应用。一名优秀的应用型人才必须有较强的创新精神。

3.面向地方与面向全国、面向世界的关系

面向地方是指从高校所处的地理位置出发,发挥学校熟悉地情的优势,增强办学的适应性和针对性。但随着经济全球化和知识经济时代的到来,作为高等学校,一味强调面向地方,势必会目光短浅,自我封闭,难以有大的作为。所以,我们既要坚持面向地方,又要坚持面向世界、面向未来和面向现代化的大方向、大目标,适应当代世界经济社会发展的新特点、新要求,把面向地方与面向全国、面向世界有机结合起来,办出自己独有的特色。

第二节　应用型人才的培养目标

一、人才培养目标是高校人才培养模式的核心因素

人才培养目标是对所培养的人才知识、能力和素质结构的一种理想,是教育宗旨、教育目标的具体化,是一切教育实践活动的出发点和归宿,对教育的各个方面与基本环节有着根本性的制约作用。

(一)大学理念与人才培养目标

大学理念是指人们对大学精神、性质、功能和使命的基本认识,是对大学与外部世界诸元之间关系的规定。从一定意义上说,大学理念蕴含着大学的办学思想、办学方向、目标定位、培养模式、运营策略、社会责任以及人们对理想大学模式的系统构想,它是一所大学的办学思想、信仰追求和灵魂支柱的高度浓缩,是大学的思想、精神和灵魂,决定着大学的使命和发展目标。因此,大学办学首先是理念办学。理念决定方向、决定培养目标、决定行为。有什么样的大学理念,就会有什么样的人才培养目标,有什么样的人才培养目标,就必然会有什么样的办学结果。蔡元培任北京大学校长期间确立的办学理念是"循思想自由原则,取兼容并包主义","思想自由、兼容并包"遂成为北大校训,北大也因此培养出了中国近代一大批著名的思想家,推动了社会的进步和变革。由此可见,高校人才

培养目标与大学理念息息相关。

(二)办学定位与人才培养目标

办学定位是指高校根据经济和社会发展的需要,找准学校在人才培养中的位置,确定学校一定时期内的总体规划和目标、培养人才的层次、类型和人才的主要服务面。这个目标定位可以是阶段性的,也可以是长期的。通常包括学校在国内外高等学校中的定位,也包含学校内部各要素如学科建设、师资队伍建设、人才培养模式等在学校发展中的定位。每所高校所承担的任务、服务功能的类型和范围不同,其定位也不同。

办学定位是办学理念的集中体现,决定学校的方向与发展。准确定位是一所高校实现可持续发展的前提,有利于突出办学特色,对于指导高校的建设方略,促进教育教学质量的提高具有十分重要的意义。高校定位的主要依据是由社会分工和社会需求所决定的,事实上,在日益纷繁复杂的社会变革中,各种类型的高等学校都有其社会适应面,都有其培养目标,都可以办出特色,争创一流。正是从这一视角出发,办学定位的首要使命是确立人才培养目标,办学定位的科学性决定了人才培养目标的科学性。因此,与社会经济的快速发展相伴随,一所大学在确定其办学定位时一定要认真分析自身的性质和特点,明确自己所面对的社会经济需求和时代要求,根据自身的实际能力,量体裁衣,量力而行,才能科学确定人才培养目标,确定在什么领域、层次、地域范围做出自己的贡献。

(三)人才培养目标是高校人才培养模式的核心因素

为了达到培养目标的要求,高校人才培养模式建立的基本思路一般是:首先,根据经济与社会发展对不同层次、不同规格、不同类型的高级专门人才的客观需求,在正确的教育思想与办学理念的指导下,对人才培养目标进行恰当的定位;其次,根据人才培养目标,设计人才培养规格;再次,根据人才培养目标与培养规格对人才活动系统及要素进行综合优化设计,形成人才培养方案;最后,根据人才培养目标、培养规格与培养方案选择培养途径并予以实施。人才培养模式组织实施以后,必然产生出最终的培养结果,即人才。人才进入社会以后,必然要接受社会的检验和评价，检验的结果反馈到学校以后，必然对学校的人才培养模式得出三种评价结果：合格、基本合格、不合格。根据评价结果，学校调整人才培养模式，重新定位人才培养目标，使人才培养模式中的诸要素更加协调，使培养结果更好地适应经济与社会发展的需要。至此，学校完成一个人才培养的循环。

由此可见，培养目标是高校人才培养模式中的第一环节，是人才培养模式的核心因素，是教育价值的具体体现。什么样的人才培养目标决定了什么样的人才培养模式，当人才培养目标不符合经济与社会发展需要的时候，就必须变革人才培养模式。

二、人才培养目标的主要类型

高等学校培养的人才有哪些类型，学界内外众说纷纭，有研究型、创新型、复合型、应用型、工程型、技能型、技术型、外向型等多种说法。大致来说，国内高等学校的人才培养目标可以概括为以下四种类型：研究型人才培养目标、应用型人才培养目标、创新型人才培养目标、复合型人才培养目标。

（一）研究型人才培养目标

研究型人才是指发现规律、创新知识的人才。他们的主要任务是以客观规律为研究对象，从事学术性的工作，其活动的主要目的是探求事物的本质和规律，与具体的社会实践关系不是很直接。国内一流大学和知名科研院所一般以研究型人才作为人才培养目标。研究型人才的培养目标主要是：具备较高的智能和严谨的思维方式，具有扎实的理论基础，讲求专业知识的系统性、完整性，为发现规律、创新知识奠定坚实的基础，毕业生主要从事学科知识的研究与传递工作。

对研究型人才培养的认识，是随着社会的发展而不断深化的。传统意义上，研究型人才就是学科型人才。其理由是研究型人才主要在某一学科专业领域要有所突破，就需要掌握学科领域专、精、尖的知识。因此，要达到培养目标，应重点专注于某一主要学科和相关学科，力争所培养的人才在其学科专业领域有所建树。随着学科交叉和融合，当前高校对人才培养规.律的认识开始不断深化。很多研究型大学对研究型人才的培养开始采用分段设立培养目标和分步实施培养路径的策略。如北京大学新的本科培养方案的调整就明确提出了“加强基础、淡化专业、因材施教、分流培养”的方针，冀望本科教育打破狭隘的专业教育思想，加强基础，加强基本素质和基本技能的培养和训练，促使学生通过学习最具普遍意义的基础理论，掌握深度的科学思维方法，以增强学生自学和获取新知识的能力，达到触类旁通的效果。目前的教育发展趋势是本科阶段打通基础，研究生阶段培养专业素养，而且学科的交叉和融合日盛，掌握相近学科的知识有利于培养学生综合素质，从而提高其研究能力。有关专家认为，由于像北大、清华这类高校大部分本科生都要继续攻读硕士、博士，本科毕业直接走上工作岗位的学生比例较低，把很多专业教育内容后移到研究生阶段，而在本科阶段进行宽口径培养，是符合研究型人才培养规律的。

（二）应用型人才培养目标

应用型人才是指具备扎实且结构合理的基础知识，有较强的实践动手能力，特别是具有运用所学知识综合解决实际问题的能力，有从事某类专业工作的一般技能和从事相关岗位的核心技能的人才。如第一章所述，根据在社会实践领域中所运用的知识和能力所包含的创新程度与所解决问题的复杂程度，应用型人才可以分为工程型、技术型、技能型等三个层次。应用型人才应该说是一个十分宽泛的概念，在专科层次、本科层次、研究生层次都存在。应用型人才培养目标主要是：以知识为基础，以能力为重点，强调知识能力素质协调发展、学生综合素质和专业核心能力的培养。

我国经济和社会的发展需要大量的应用型人才。培养合格的应用型人才，需要相关高等学校在明确专业定位，优化课程体系，改进教学内容和教学方法、强化实践教学等方面采取切实可行的措施，提高学生知识的应用能力。[1]

(三)创新型人才培养目标

创新型人才有广义和狭义之分。广义的创新型人才是指具有创新性思维、能够创造性地解决问题的人才。狭义的创新型人才是指能在发现规律的基础上进行研发和创新的人才。狭义的创新型人才又可以将其进一步细分为研发型人才和创新型人才。研发型侧重科学研究和技术开发的过程,而创新型则强调科学研究和技术开发过程中的发现、发明、改进、创造的结果。创新型人才的培养目标主要是:既要有所从事学科的系统扎实的理论基础,更要有运用所学理论和所掌握的技术进行探索性的思考、研究、实验、总结、改进的综合性品质,毕业生主要从事科学研究和技术开发工作。

当前我国科技创新能力的不足导致我们的国际竞争力不强是国内有关专家提出培养创新型人才的主要原因。创新型人才的培养需要高等学校的教育教学进行系统的改革。首先,在创新型人才培养目标的设计上,不仅要有明确的目标,而且要提出对创新型人才素质的要求,与时俱进地确定创新型人才培养的标准;其次,要设计科学的培养模式。如在学分制的设计上给予学生更多自我发展的空间。在教学模式的设计上通过改革使学生养成批判性思维、创造性习惯,以利于科学创造。在人文环境的营建上,要养成学生严谨治学的学风,形成一种能容忍并鼓励学生进行学术质疑和批判的人文环境,树立竞争的意识;再次,要建设具有创新精神和能力的优秀的教师队伍,使教学的过程成为智慧的启迪的过程,并建立引导学生进入教师创新研究的机制。

有专家指出,当今中国的大学最需要"三创",即创意、创造、创业。"有创意"首先必须有思想、有主见、有批判和独创精神,但现在很多高校的教育模式在很大程度上不仅不利于"有创意"人才的培养,一定程度上

---

① 邹一琴,郑仲桥,鲍静益.应用型本科人才弹性力培养[M].南京:东南大学出版社,2018.

还可能会扼杀大学生有待开发的“创意”潜质。“能创造”的前提是高校教师必须有较高的科研水平和创新能力，但部分高校尤其是地方高校难以吸引和留住优秀教师，不少教师已经沦为教书匠，教学不是智慧的启迪，而是程式化的知识灌输，机械地记住结论。“善创业”人才方面存在的问题同样不容乐观，大学毕业生普遍缺乏自主创业的能力，不少人甚至连创业的意识和勇气也不具备。这些问题是我国高等学校创新型人才培养过程中亟待解决的问题。

(四)复合型人才培养目标

复合型人才是指具有两个或两个以上专业(或学科)的基本知识和基本能力的人才。这种人才的内涵应该包含两个方面：一是指社会科学与自然科学之间以及多种专业的复合；二是指智力因素和非智力因素的复合。关于对复合型人才的提出，有部分学者认为，由通才转向专才，再由专才向复合型人才的转化，并不是一种回归，而是在更高起点上的又一次质的飞跃，具有更广泛、更丰富的内涵。复合型人才的培养目标主要是：基本通晓两个以上专业或学科的基础理论知识和基本技能，基础宽厚，知识面广，不仅能解决本学科、本专业的问题，而且对多学科的知识具有相互交叉、融合并形成新的知识的能力，能综合性地解决和处理相关问题。学科知识能否融合并综合地发挥作用，是复合型人才的重要标志。

我国高等教育专业设置过细，当今学科交融趋势日盛，用人单位对人才需求发生变化，是国内学者提出培养复合型人才的主要原因。他们认为，复合型人才的培养既不同于通才教育培养模式，也不同于专才教育培养模式，它是20世纪80～90年代以来，随着社会发展对复合型人才需求的不断增加而出现的一种人才培养模式，是指通过修读第二学历(学位)或辅修跨学科的其他专业等途径，使本科生获得本专业以外第二个及以上专业的基本知识和基本技能，成为能适应跨专业、跨学科工作和研究的复合型人才。其主要形式有如下几种。

1. 双学(历)位制

即在本科学习期间(或适当延长)完成两个跨学科专业的学习，获得两个专业的本科学历或学士学位。

2. 第二学位制

即获得本科学位后，学习另一学科专业，获另一个本科学位。

3. 联通培养制

一是专、本联通，即本科在校生在修完三年本专业课程后，进入另一学科专业学习1～2年，毕业后获原专业专科文凭和后专业本科文凭和学位，如广西大学的“国际贸易3＋2班”“技术经济3＋1班”等。二是本、硕联通。即通过三年或三年半本科学习，在本科第四年或本科最后一个学期跨学科修读硕士研究生基础课程，获学士学位后再用二年时间完成硕士研究生学业，取得研究生学历和硕士学位。如一些学校的工商硕士的培养即如此。

4. 主辅修制

即学生在学习主修专业（本、专科）的同时，辅修另一学科专业，修满规定学分，获辅修证书。这是一种可以普遍实施的培养模式，在目前来说也是高校培养复合型人才的主要途径。

5. 选修课制

通过跨学院选修课和全校性选修课，建立学科或专业选课模块，让学生自由选读。学生修满某一模块的规定学分，给予类似辅修证书的学习证明，否则作选修课学分记载。模块式选课有利于学生比较系统地学习某一学科或专业的知识，加深对该学科或专业的了解和认识，成为复合型人才。选修课制是一种最灵活、最广泛的复合型人才培养模式，有较强的普及性。

以上四种人才培养目标类型，其划分有一定的科学性和合理性。但是，这种分类过于细致，与社会对人才的客观需求存在着一定的差别，在逻辑关系上比较混乱。如研究型人才如果没有创新精神和创新能力，就不会形成前沿的研究成果，超越前人，科技和社会进步的速度就会受到影响，因此，研究型人才要具备创新型人才的基本特征；研究型人才同样也应不可缺少复合型人才的基本素质。否则，在当今学科交叉融合的背景下，研究型人才就无法融合相关知识和形成新的知识的能力，研究视野的局限和综合性解决问题能力的不足将会影响到其研究成果的学术价值和推广应用价值。同样，应用型人才也应具备创新意识和创新能力，学会在知识的应用过程中创新，在创新中创造性地运用知识；应用型人才也应具备复合型人才的基本素质，能综合性地解决和处理社会实践中的相关问题，如一个具有技术背景的大学生，在提升到管理层次后，如果不具备复合型人才的特质，将很难胜任新的工作岗位的要求。

基于以上分析，我们认为，将人才培养目标划分为上述四种类型，将在一定程度上干扰高等学校人才培养目标设定的科学性和合理性，使高校人才培养目标与社会对人才的实际需求产生偏差。经济和社会的发展，是人类认识世界和改造世界的过程。认识世界需要探求事物的本质和规律，创新知识；改造世界需要运用知识综合解决实际问题，形成现实的生产力。解决前者问题需要研究型人才，解决后者问题需要应用型人才。因此，我们认为，高等学校的人才培养，主要应区分为研究型人才和应用型人才两大类。与此相适应，高等学校的人才培养目标也主要分为研究型人才培养目标与应用型人才培养目标两种类型为宜。

三、应用型人才培养目标的选择

（一）应用型人才培养目标选择的依据

1. 理论依据

（1）“以人为本”的科学发展观。科学发展观是21世纪中国高等教育改革、发展的重要理念。树立“以人为本”的科学发展观，既是高等教育的指导思想、教育观念，又是一种发展策略。它要求坚持教育为人民服务的宗旨，按照“巩固、深化、提高、发展”的方针，统筹高等教育的规模、结构、质量和效益，协调发展，满足人民群众的教育需要；要求坚持“以人为本”的价值观，把人作为教育教学的出发点，顺应人的禀赋、提升人的潜能，完整而全面地关照人的发展，办人民满意的教育。“以人为本”的科学发展观为高等教育科学理解人的全面发展，科学确立人才培养目标，深化改革与发展具有重要的引领作用。

当今我国经济和社会的发展，既需要较多的研究型人才，也需要大量的应用型人才。为适应这种需要，我国的高等教育已形成了分层分类发展的格局和初步完整的人才培养体系。作为我国高等教育重要组成部分的应用型教育，其目标是为经济社会生产服务一线培养应用型人才。如何根据社会需求、办学条件和学生的禀赋特征确立并有效实现应用型院校的人才培养目标，“以人为本”的科学发展观无疑提供了最重要的理论依据。

(2)和谐发展的高等教育新理念。全面建成小康社会、构建社会主义和谐社会的理念落实到高等教育上，就是要使高等教育得到和谐发展，亦即高等教育在发展中能够协调内部各要素之间及其与社会之间的关系，突出人的主体地位，实现目标合理、结构优化、功能完善、制度健全、持续有序的发展目标。这首先体现为所有的高等教育都要以促进人的和谐发展为目的，要尽可能多地满足人民群众日益增长的文化需求；其次体现在各级各类高等教育要统筹兼顾、和谐发展。社会需要的多样性与个体发展的差异性决定了高等教育层次不同、类别多样，正是各级各类高等教育机构在发展目标上的合理定位，才能实现高等教育在整体上的相辅相成、和谐发展。

高等教育和谐发展的新理念既为培养应用型人才院校的发展带来了难得的机遇，更为其确立人才培养目标提供了理论依据。因此，只要以和谐发展的理念为指导，正确认识、理解、判断高等教育的发展趋势，准确定位，各高等学校就能科学确立自己的人才培养目标，拥有自己的发展空间，推进事业的全面协调可持续发展。

(3)全面发展的教育理念。教育是培养人的事业，教育的根本作用在于促进人的自由全面和谐发展。马克思关于人的全面发展学说主要包含：体力与脑力的协调发展；人的才能与品质的多方面发展；个人与社会的统一发展。从这个意义上说，人的全面发展首先是指人的体力、智力充分自由地发展和运用，这是全面发展的核心；其次是人的道德品质和审美情操的高度发展；此外，人的全面发展还包括“人的志趣和才能”的多方面的挖掘和发挥。促使人的全面发展或培养全面发展的人，是人类世世代代所追求的共同理想，也是教育的实质。培养全面发展的人有很多途径，而培养应用型人才就是其中的重要途径之一。

2. 实践依据

(1)社会经济结构的战略性调整。21 世纪初期，我国成功地加入 WTO，推动了我国经济进一步融入全球经济大潮，以信息技术为代表的高新技术的迅速发展为经济发展和产业升级注入了推动力，特别是世界制造中心向我国转移的进程加快，现代服务业的蓬勃发展，为我国的经济腾飞带来了良好机遇。面对世界经济全球化的发展趋势，各个地区的经济结构也相应地做出了战略性调整，突出的特征是在信息技术带动下的经济产业结构优化升级。随着经济的高速发展，用人单位的价值取向表现为越来越偏重人才的适应性和实际工作能力，这在生产企业中最为典型。经济结构的战略性调整，不仅影响着高等教育的状态和运作模式，还影响着高等教育的根本目标。如何积极地应对和变革，解决当前背景下高等教育快速扩张与地方经济建设相脱节的矛盾，是一项十分紧迫的任务，需要高等教育在类型选择、专业设置、培养目标上进行调整，做出与国家、与地区经济结构战略调整相适应的变革。这既体现在具体学校的教学组织、课程内容、课程传授、教学方式方法和实践安排等方面，同时也体现在加强管理和科学评价等方面，最终则体现于培养目标的全面实现之中。在此背景下，有关高等学校所面对的形势是经济全球化的快速发展对人才培养提出了新的要求，要求培养实践能力强、能够适应国际竞争的高素质经济管理人才；现代产业的不断创新，推动人才培养模式的变革，要求培养更加开放化、个性化和多样化的人才；高等教育的改革要求突出办学特色。这些无疑都为高等学校准确定位，明确应用型人才培养目标，有效实现自身社会使命和展现自身价值提供了实践机遇。

(2)高等教育的跨越式发展。根据美国著名教育家马丁·特罗提出的以毛入学率为标准的高等教育发展阶段理论，我国高等教育以很快的发展速度进入了大众化阶段。高等教育的大众化不仅仅是规模的扩大，而且在更大程度上导致高等教育体系的变化。在诸多变化中，首先是培养目标的多样化。在精英化高等教育阶段，主要是培养研究型人才，随着越来越多的生产部门需要“一线”应用型人才，随着高等教育规模的不断扩大，高等教育体系变化成为必然，并分化出研究型人才培养、应用型人才培养两大类，两类高等教育的人才培养目标和培养规格差异成为客观存在。从高等教育发展的特征看，21世纪是中国高等教育优先发展的世纪，大众化的高等教育在办学规格、办学层次、办学类型上出现了多样化特征，培养应用型人才正是顺应了高等教育这一发展规律的正确抉择。从国际高等教育的发展看，在大众化高等教育阶段，高等教育规模将持续扩大，但主要不是扩大学术性精英教育，而是应该大力发展应用性高等教育，大大增加培养应用型人才的数量，这是许多发达国家高等教育大众化历程中总结出来的经验和规律。此外，考察发达国家的高等教育，在大众化进程中关于大学的定位有几个共同的特征：一是高等教育中高等院校类型趋于多样化，但定位明确。值得一提的是，非传统的、非大学型院校在高等教育大众化进程中占有重要地位；二是不同类型和层次的高等学校定位明确，具有各自的培养目标、模式和特色，各类院校之间呈现互补关系，彼此不可替代；三是在保证高等学校多样化和各自定位的前提下，尝试在大学型院校和非大学型院校之间建立联系和沟通渠道，以更好地适应社会对高等教育的多样化需求。这些特征给予人们的启示是：要用不同的质量标准来评价不同的高等学校，同时不同的高等学校要根据社会对人才的不同需求来制定不同的培养目标和质量标准。这一切都决定了高等教育必须走多样化发展道路，同时也为培养应用型人才的院校确立培养目标提供了实践参考。

(3)地方院校的基本特性。目前，我国的高等院校在管理体制上实行国家和省市两级管理，以省级管理为主；在学校层次上形成了以重点大学为龙头，以一般性普通高校为主力，以高职高专为支撑的学科门类齐全的高等学校办学体制。这种格局体现了高校培养人才、科技创新和服务社会的职能，反映了党和政府对高等教育发展的愿望和社会对多层次人才的客观要求。当然，这种体制下的高校由于战略目标与办学层次、所服务的行业和所在的区域不同，因而分别承担着不同职能，呈现出不同的特性，地方院校就拥有为区域经济和社会发展的天然职能。由于高等教育与社会经济发展有更密切的直接联系，经济发展的区域化，必然要求高等教育发展的区域化、地方化与之相适应。可见地方院校是与区域经济之间存在密切联系的。① 把握这种联系，是其正确进行办学定位，合理确立人才培养目标，妥善制定发展规划的重要的实践依据。与此同时，作为地方院校，由于办学资源的约束，它的学科专业设置必然会有所取舍，比较容易贴近市场，可以更好地开展校企合作，为企业提供发展战略的研究、咨询与培训，在为地方经济和社会发展服务方面拥有独特的优势，这既是其确立培养目标的实践基础，也便于其发挥在区域经济发展中的“科教先导”和“智力支持”的作用，进而推动一定区域经济社会的可持续发展。

综上所述，当今社会发展日新月异，技术革命放大了经济发展的宽度和深度，各种新兴行业不断涌现，专业技术不断提高。面对如此大的社会革新，任何一所高校都不可能开设所有专业课程，同时满足不同层次，不同类型的需求。如此一来，高等教育内部的层化现象得以凸显，无论是从经济社会发展的需求还是从高等教育自身的持续、健康发展着眼，高等教育内部都需要形成人才培养层次的合理分工，而参与我国高等教育竞争的各院校之间，由于资源禀赋的差异，客观上本就存在着一种“分工”，与这种分工相对应，每一类院校只有分工明确、定位准确，找准自己的人才培养目标，形成各自不同的办学特色，才能获得自己的发展空间，才能为国家经济建设、科技进步和社会发展服务，最大限度地发挥高等教育资源的效益。因此，以培养应用型人才为目标是国内众多高等学校的必然选择。

---

① 孙雷. 校企合作新探索——地方高校应用型本科人才培养模式的研究与实践[M]. 南京：南京大学出版社，2017.

(二)应用型人才培养目标选择的约束因素

1. 宏观约束因素

(1)经济发展状况。一个国家和地区的经济增长方式及其质量、产业结构及其技术含量对高校应用型人才培养目标的选择形成直接约束作用。如我国现阶段正处在加速实现工业化的发展时期,加工型企业、服务型企业等劳动密集型产业占主体地位。伴随着现代制造业的蓬勃兴起,近年来人才市场对工程型、技能型和技术型等应用型人才需求增大,应用型人才走俏、抢手,身价大涨。在此情况下,国内大多数高校均以应用型人才培养作为主要目标。

(2)科技创新能力和技术发展状况。在一个国家和地区经济增长比过去更加明显地依赖知识和技术的生产传播与应用,产业的技术结构由劳动密集向技术密集转变,创新能力强、技术发展水平高,技术含量高的企业占主体的情况下,人才市场对基础研究和应用研究的人才需求旺盛的同时,对具有高水平的、从业人员文化素质高的应用型人才需求将会上升。

(3)人口状况。一个国家人口的总量、高等教育适龄人口数量、人口受教育程度和接受不同类型教育的观念、就业观念的变化也会对高校人才培养目标的选择产生影响。

(4)相关政策与法律的变动情况。政府有关人才待遇政策、就业政策的变化,会影响受教育者及其家庭选择教育类型的倾向,进而影响到高校人才培养目标的取向。国家有关教育法规和政策的调整直接对高校人才培养目标的选择形成影响。

2. 微观约束因素

(1)高校的办学指导思想、定位与思路。一所学校的办学指导思想和办学定位决定了它的发展方向和路径。高校定位的主要依据是由社会分工和社会需求所决定的。而不同的办学指导思想、办学定位决定了各个高校有着不同的人才培养目标。在日益纷繁复杂的社会变革中,各种类型的高等学校都有其社会适应面,都应在找准其特定适应面的基础上确立其培养目标。只要定位准确，办学思路清晰，就可以树立科学而鲜明的人才培养目标，就可以办出特色，争创一流。

(2)高校的传统与积淀。除新建学校外，每所高校都有自己的传统与积淀，在此基础上形成了自己的办学特色和人才培养特色。比如，部属院校大多承担了研究型人才培养的任务，而地方高校则主要承担着应用型人才培养的任务。

(3)高校的学科与专业属性和建设水平。不同的高校，由于其办学定位不同，建设思路不同，其学科和专业的性质、方向、层次和水平存在一定的差别。这也是影响高校人才培养目标选择的一个重要因素。

(4)高校的办学条件。研究型人才和应用型人才培养，有些条件是一致的，但要达到培养目标，在很多办学条件上还是存在明显的差异。就以培养应用型人才为主体的高校而言，较多数量的"双师型"师资队伍，充裕的实验、实习、实训条件和实践教学资源，比例适当的理论与实践教学体系的构建，适应应用型人才培养的制度和相应的激励、约束机制设计，良好的适应应用型人才培养的校园文化环境，对应用型人才培养目标的选择及其实现都是约束条件。

(5)高校的生源状况。高校的生源状况也是高校选择人才培养目标时必须予以考虑的因素。

第三节　应用型人才培养的理论依据

一、布迪厄社会实践理论

布迪厄社会实践理论是在马克思实践哲学和葛兰西等的实践理论上产生和发展起来的。

实践作为人类的存在方式，自从有了人类就有实践活动。劳动、语言、意识和直立行走标志着人类的产生，而这些标志无疑都是实践的形式，劳动是人类最基本的实践形式，它解决的是人类与自然界的关系问题;语言是人与人之间交往的中介信息系统,交往和交往实践观都是在人们对语言的研究过程中出现的实践范畴;意识是人类的精神实践形式;直立行走是人类区别于其他动物的最基本的实践活动。

正是有了实践,人类才能从恐惧自然,到适应自然,再到改造、利用自然,这个发展过程就是人类不断实践的过程。历史上著名的哲学家,从苏格拉底到亚里士多德,从康德、黑格尔、费尔巴哈到马克思,从列宁、斯大林到毛泽东,对实践范畴的研究,造就了他们在哲学发展史中的地位。因此,实践是哲学领域和人才培养领域关注的重要内容。

(一)马克思实践哲学

从古希腊到19世纪中叶这一历史阶段的哲学形态,包括古代哲学和近代哲学,其讨论的主要问题是整个世界的本原问题,由此构成不同哲学学派。

马克思主义哲学则关注人类世界、现存世界,关注现实的人及其发展。对于马克思主义哲学来说,全部问题都在于使现存世界革命化,实际地反对和改变事物的现状。这样,马克思主义哲学的关注主题从整个世界转向现存世界,从宇宙本体转向人类世界。而在现存世界中,自然和社会是在人类实践中联结为一个总体的,实践是社会的,社会生活在本质上是实践的。实践犹如一个转换器,社会在自然中灌注了自己的目的,使之成为社会的自然(人化自然);同时,自然又进入社会,转化为社会中的一个恒定的因素,使社会成为自然的社会。马克思主义哲学,把哲学的对象规定为人类实践活动,把哲学的任务规定为解答实践活动中的人与世界、主体与客体、主观与客观的关系,从而也为改变世界提供方法论。因此,可以说马克思主义哲学是为改变现存世界的实践活动而创立的,实践的内容就是它的理论内容。

马克思从“物质实践”出发去解释观念及一切重大的历史事件,从而创立了唯物史观。在哲学史上,马克思第一次把实践提升为哲学的根本原则,并转化为哲学思维方式,从而创立了一种实践、辩证、历史的唯物主义实践唯物主义。马克思认为,实践是作为一切认识源泉的感性活动,这种感性活动与外部感性的对象世界是直接相关的。马克思把实践理解为人具有的创造性的生命活动。马克思将人的一切活动都认定为实践的，尤其是把人的精神生产活动与精神交往活动也认定为一种实践活动，这才正确揭示了“社会生活在本质上是实践的”这一著名论断的真实内涵。

在巴黎高等师范学校就读期间，布迪厄研读了马克思的早期著作，对马克思的早期思想产生了浓厚的兴趣，这也对他日后发展自己的社会实践思想具有重要作用。可以说，马克思实践理论构成了布迪厄社会实践理论的渊源。布迪厄是在进一步发展马克思实践理论的同时，提出了自己较为成熟的四种资本形态理论，该理论占据了布迪厄理论体系的核心地位。布迪厄把马克思的实践哲学作为思考社会问题的出发点，布迪厄创立的社会实践理论把不同的哲学方法论整合起来，运用自己的理论体系去探索社会层面所隐含的内容。他在这一过程中发现了各个要素之间的相关规律，并总结出一套具有鲜明特色的理论体系。

（二）布迪厄社会实践理论

布迪厄是法国著名的人类学家、社会学家和思想家。实践理论是布迪厄庞大理论的核心部分。布迪厄的社会实践观，是围绕着行动者在哪里实践、如何实践、用什么实践等相互联系的社会实践观的基本问题，即实践者的实践空间、实践逻辑、实践工具是什么的问题而展开的。布迪厄用场域、惯习、资本及三者之间的关系回答了这三个社会实践观的基本问题。

作为实践哲学的奠基人，亚里士多德在其《尼各马可伦理学》中，把人的活动划分为理论的、实践的和技术的三大类型，认为实践活动区别于以永恒不变的事物为对象的理论活动，也区别于为达到和实现某种外在目的的技术活动；它是一种以自身为目的的正确行为，这种正确行为即实践。

1. 惯习的概念及内涵

实践到底是什么？布迪厄认为，实践是社会上个体发展的基本方式，人类产生的那一刻就产生了实践。人类的劳动、语言、意识和直立行走标志着人区别于动物而有了自己的人类本质,这些标志也就是实践形式,而劳动是人类最基本的实践形式,劳动在人类解决人与自然的关系中产生了。布迪厄认为主观主义和客观主义相互对立,而传统的社会学正是建立在这个对立基础之上的,但二者都不能单独对社会生活做出正确的理解与阐述。要做到恰如其分地理解就必须兼顾好客观事物所固有的结构,又不能忽视人类个体与集体实践活动经验。唯有实践能够达到二者的整合,能够克服二者非此即彼的对立问题。实践受到个人的主观决定,同时又由超越个人的社会结构所决定。布迪厄为消解二者的对立,提出了能够把二者结合起来的"惯习"概念。

实践不是从主客二分角度出发的对象化活动,是"参与性的对象化"活动。实践能为多个相对统一的事物找到与之相应的位置。实践的主要特征表现在以下几个方面。

首先,实践是空间、时间和暂存性的有机统一。实践的发生是处于某一个特定的空间之中的,在时间上实践和实践的主客体是共时态的,实践的行为是当下的,实践过程是各要素相统一的过程。

其次,实践具有流动性和盲目性。就实践产生的过程来看,它并不是有意为之的,也并不是自然形成的。主要表现为两个方面:一方面是社会的形成,使阶级的产生与统治成为必然,而处在社会中的个人为了生存就必须学习并形成一定的实践能力,按照他们的实践能力不同就会分成不同的社会身份,社会实践就变得程序化了,人们也失去了认识社会的能力,导致实践的盲目性;另一方面,实践并不是统一的机械运动,而是实践主体根据现有的实践环境做出的不同反应,所以有不确定性、可变性。

最后,实践具有策略性。实践在一定范围内是无拘束的活动,而同时又是受限制的。实践是意识活动跟主体活动目的相结合的随机行为,所以其活动方式在很大程度上根源于行动者的目标和价值取向。而这种目标和价值取向通过实践者的策略体现出来。

在布迪厄的理论体系当中,他非常重视解决主客观对立的问题,认为这种对立从某种意义上阻碍了社会科学的发展进程。所以解决二者的对立问题在当代社会理论中是关键性的首要问题。正是基于这种原因，布迪厄提出了惯习这一核心理论，它的出发点就是如何能够解决二元对立的问题。

布迪厄所说的“惯习”不是“习惯”，惯习是指个体从幼年时积累起来的各种经验，包括他对各种社会制度和各种奖惩机制的理解，会在他的心智中留下痕迹，从而构成行动者的行动倾向，即布迪厄所说的习性。人们在社会世界生活所形成的各种习性的总和就是惯习。因此，惯习是个体过去实践活动的结构性产物，是人们看待社会世界的方法，也是人们在各种社会评判中起主导作用的模式。

惯习是社会个体通过实践的方式认知其所在，即通过人类的活动来体现其作用。可以把它说成是实践逻辑，行动者在日常活动中，经过多次的重复与累加，行动者所固有的行动方式与方法便慢慢地积淀下来了，也就是说以往的经验就会慢慢地转换成一成不变的固有的意识。而成为一种特殊的意识，却具有意识的普遍作用，便可以指导活动，行动者正是按照其各自内在的惯习去从事社会生产、生活活动。可以间接地推导出：个体生活模式的不同、解决问题方式的不同根源于其惯习的不同。

惯习不是习惯，惯习深刻地存在于行动者的性情倾向系统中，是完全从实践操作的意义上来讲的。但惯习和习惯也有相似之处：都包含有生存活动中所获得的经验性因素。布迪厄看重习惯性行为和习性所积累起来的个人和群体经历的主动性和积极性，但他更重视二者的区别：习惯往往表现出自发性、重复性、机械性和惰性，不具有创造性、建构性和再生性，如果仅仅停留在习惯的层面，惯习将不可能在历史的实践活动中进行再生产并不断发展，也不可能在新的场域下发生创造性的作用。布迪厄为此明确指出：“惯习是客观条件的一个产物，它一方面倾向于复制客观条件的客观逻辑，但另一方面又使它受到新创造。”

布迪厄认为，惯习来自个人和群体长期的实践活动，一旦经过一定时期的积累，经验就会内化为人们的意识，去指挥和调动个人和群体的行为，成为人的社会行为、生存方式、生活模式、行为策略等行动和精神的强有力的生成机制。惯习之所以发挥作用，恰恰在于其通常不被人所认识，且不以人的意志为转移。惯习之所以能有特定持久的效力，是因为它在行动者的意识和语言运作之前发生效力，超出了意志控制的范围。惯习是一种无穷的生成能力，能完全自由地生成产品（思想、感知、语言、行为），但这些产品总是受限于惯习生成所处的历史和社会条件。

惯习的概念，揭示的是社会行动者既不是受外部因素决定的，也不是只受内在理性引导的。社会行动者是历史的产物，这个历史是整个社会场域的历史，是特定次场域中特定行动者生活轨迹中积累经验的历史。布迪厄认为，惯习贯穿于行动者内外，既指导行动者的行为，又显示行动者的风格和气质；既记载了行动者的生活经验和受教育经历，又在不同的境遇实施创新；既具有前后一致的稳定性和持续性，又随时随地在制约性社会条件的影响下发生变化；既表达行动者的个性和禀赋，又渗透着他所属的社会群体的阶层性质；既可以在实证经验方法观察下准确地把握，又可以通过不确定的模糊特征显示出来；既作为社会结构长期内在化的结果，以性情倾向系统表现出来，又主动外在化为当下实践，不断再生产着新的社会结构；既是随时随地伴随着行动者的生活和行动的生存心态和生活风格，又是集历史经验与实时创造于一体的“主动中的被动”和“被动中的主动”，是社会客观制约条件和行动者主观的内在创造力的统一。

综上所述，布迪厄的惯习概念可理解为：惯习既是个体的内在主观精神状态，又是外化的客观活动；既是个体主观心态的向外结构化的客观过程，又是历史的及现实的客观环境向内结构化的主观过程。个体既在他们所处的移动的社会世界里面活动，也在持久铭刻于他们身体之中的、建构起来的可能性范围内活动；个体与社会世界之间的关系是社会活动的两个维度之间的关系，而不是两种相分离的存在之间的关系。

2. 场域的概念及内涵

布迪厄的社会实践理论产生于马克思的实践唯物主义，也受到马克思关系主义思想的启发和影响。马克思关系主义思想在《1857—1858 年经济学手稿》中有所体现：社会并不只由个人组成，它还体现着个人在其中发现自己的各种联系和关系的总和。马克思的关系主义思维方式还表现为他对人的本质的概括：人的本质并不是单个人所固有的抽象物。在其现实性上，它是一切社会关系的总和。布迪厄把黑格尔的“现实的就是合理的”这一著名公式稍加改动，指出“现实的就是关系的”，强调在社会世界中存在的是各种各样的关系，不是行动者之间的互动或个人之间交互主体性的纽带，而是各种马克思所谓的“独立于意识和个人意志”而存在的客观关系。从关系的角度进行思考，布迪厄给场域的定义是：各种位置之间存在的客观关系的网络或构型。

布迪厄关于场域概念的提出基于以下几个原因。第一，场域概念充分体现了他的关系主义思维方式。根据场域来思考，就是从关系的角度来思考，从而为“关系分析”提供了一个框架。第二，布迪厄的场域概念，非常强调社会生活的冲突性。作为一个包含着潜在的和活跃的力量的空间，场域也是一个充满着旨在维护或者改变场域中的力量格局的斗争场所，是一个争夺对珍贵资源的控制权的竞技场。在围绕着特定形式的资本而展开的场域斗争中，布迪厄强调关于正当化原则的竞争，也就是在谋求符号暴力垄断权上的竞争。第三，场域所涉及的是对个体地位的分析，对行动者占据的位置的多维空间的阐述，每个个体的地位是他的惯习与所处的场域中的位置之间相互作用的结果。

用场域的概念来分析教育与高等教育，也就提出了教育场域和高等教育场域的概念。布迪厄把教育体系看作是在当代社会中控制地位和特权分配的主要机构，学校为生产、传播和积累各种形式的文化资本提供了基本的条件，学校还是知识分子进行符号研究的场所。对布迪厄来说，最为重要的是，学校向学生灌输了占主导地位的分类体系，通过这种灌输，符号权力得以实施。

布迪厄所谓的“场域”，为考察教育空间的状况及教育形态提供了一个有效的分析工具。在学校教育中，教育空间的概念更多的是基于社会学的分析，而不仅仅是在地理学意义上的分析。布迪厄认为，场域是各种位置之间存在的客观关系的网络或构型，这些位置是经过客观限定的。

“在高度分化的社会里，社会世界是由具有相对自主性的社会小世界构成的。”这些“社会小世界”就是各种不同的场域，如经济场域、政治场域、艺术场域、学术场域等。在布迪厄看来，场域不仅仅是一种社会空间，而且是具有相对独立性的社会空间；相对独立性既是不同场域相互区别的标志，也是不同场域得以存在的依据。

高等教育世界与所有的社会世界一样，存在矛盾与冲突，学者们彼此争夺学术世界和一般世界的真理的掌握权。在学术界，人们冲突不休，以确定究竟是谁在这个领域中受到社会的委托和授权来讲述社会世界的真理。例如，在美国高等教育体系中，这种矛盾与冲突表现在，为数众多的高校与极少数精英学校之间的对立。这些精英学校的毕业生抢占了绝大多数公司各部门享有支配权的职位，美国精英学校的核心是常春藤盟校，指美国东北部地区历史悠久、素享盛名的几所学校，包括哈佛大学、耶鲁大学、哥伦比亚大学、普林斯顿大学、康奈尔大学等高校。中国高等教育场域中的这种矛盾与冲突同样存在，表现在北京大学、清华大学等名牌高校与数以千计的普通高校之间，冲突的焦点集中在生源和科研经费等资源的分配问题上。高等教育场域斗争的结果是，权力从知识极向行政和经济极转移：知识性职业（教学和研究）的声望不断下降而政府、大公司、政党领导、大众传媒等的声望在不断增长，这种转移对知识分子从事科研的自主性带来了挑战。

3. 资本的概念及内涵

资本的概念是马克思经济学的核心和枢纽。资本的产生与发展隐藏着人对物的依赖关系的全部秘密。马克思通过对资本的深入分析，从社会关系的角度科学地揭示了在资本上体现的生产关系与社会关系的内涵。资本的经济学意义上的本性就是增值，就是通过榨取剩余价值自行增长、膨胀。从资本的实质来讲，资本的本质不是物，而是人和人之间的一种生产关系。

马克思认为资本是对劳动者进行剥夺的畸形劳动关系。黑人就是黑人。只有在一定的关系下，他才成为奴隶。纺织机是纺棉花的机器。只有在一定条件下，它才成为资本。因此，资本不是物，而是一定的、社会的、属于一定历史形态的生产关系，它的本质在一个物上，并赋予这个物以特有的社会性质。在马克思看来，资本不是一个可供观察的、静态的对象，而是一种动态的运动。就资本的目的而言，它不是为了人的生存，而是为了自身的增值。也就是说，虽然资本需要转化为具有一定使用价值的商品，但是，它最终必然内在地要求回归到货币形式，实现价值增值。资本运动的逻辑就是无限制地增值自己、膨胀自己，这一逻辑来自资本家追求财富的无限欲望，由此，马克思把资本家称为“资本的人格化”。在资本的内在规定中，包含着对资本家的规定。马克思说，在资本的概念中包含着这样一点：劳动的客观条件（而这种客观条件是劳动本身的产物）对劳动来说人格化.了，或者同样可以说，客观条件表现为对工人来说是异己的人格的财产。资本的概念中包含着资本家。在马克思看来，资本不仅仅支配着工人，也支配着资本家。资本家的权力就是资本的支配权力。马克思说：资本家拥有这种权力并不是由于他的个人的或人的特性，而只是由于他是资本的所有者。他的权力就是他的资本的那种不可抗拒的购买的权力。马克思的资本概念是物的资本（生产要素）和社会关系资本的统一体，它的内在本质是社会关系，其外在表现则是生产要素，它是市场中追求自身增值的社会关系力量，生产要素只有纳入这种社会关系中才成为资本。

在《1844年经济学哲学手稿》中，马克思看到了资本和生产资料私有制之间的关系，认为资本就是“对他人劳动产品的私有权”，是“对劳动及其产品的支配权力”。马克思肯定地说：资本显然是关系，而且只能是生产关系。

布迪厄把资本定义为实践者的社会实践工具，他的资本概念来自马克思，但是他的资本概念的内涵和外延与马克思的资本概念有所不同。马克思和布迪厄都把资本看成社会关系的产物。布迪厄的创新之处在于他将马克思的资本概念扩大化，划分为经济资本、文化资本和社会资本三大形态。

与马克思类似，布迪厄的资本理论首先也分析了经济资本的概念，即相当于一般经济学意义上的资本概念。在布迪厄看来，经济资本是基础性的资本类型，其他类型的资本首先被看成经济资本，后来才从经济资本中分离出来。经济资本是由生产的不同因素(诸如土地、工厂、劳动、货币等)经济财产、各种收入及各种经济利益所组成的。不同社会的经济资本，具有不同的特性。

布迪厄的文化资本包括身体化的文化资本、客观化的文化资本和制度化的文化资本。

身体化的文化资本表现为个人的审美趣味、学识教养、风度技能等，它是一套经培育而成的倾向，通过社会化而加以内化，附着在个人的身体上，可以通过积累而习得，但是无法通过馈赠、买卖和交换的方式进行传承。它由个体经过长期的实践活动，内化为身体的动作、姿态、语气、气质和习惯等。这种内化的过程十分漫长，而且必须由行动者自己体验和实践，其具有个体性、无意识性、独特性和符号性等特点。

客观化的文化资本表现为物质性的文化工具，比如藏书、文献、乐器、科学仪器；也包含商品性文化财富，比如绘画作品、翡翠制品等。经济资本可以直接转换成客观化的文化资本。

制度化的文化资本是指必须经过制度的程序将资本标示出来，较典型的是文凭、学位证书和资格证书。其有着“一种文化的、约定俗成的、经久不变的、合法化的价值”。

每个人所掌握的资本总量和资本结构决定了个人生活的可能性与机遇，同时，资本也被用来再生产，再生产经济资本，也再生产社会阶级结构。特别是文化资本，作为一种具有特殊的积累法则、交换法则和运行法则的资本形式，正在变成越来越重要的社会分层的基础。社会阶层的固化不仅仅是经济资本的固化，也表现为文化资本的固化，而文化资本的固化更不容易被打破。

布迪厄认为，社会资本是指个体或群体凭借拥有一个比较稳定、在一定程度上制度化的相互交往、彼此熟识的关系网络，从而积累起来的资源的总和。这种关系网络是大家共同熟悉、得到公认的，而且是一种体制化的网络。社会资本以关系网络的形式存在，这一网络是同某团体的会员制相联系的，它从集体性拥有资本的角度为每个会员提供支持，提供为他们赢得声望的凭证。社会资本的实质就是群体以集体拥有的资本为其成员所提供的支持。一个特定的人所拥有的社会资本总量，取决于他所能有效动员的关系网络的规模，也就是说取决于与他有联系的那些人所拥有的各种资本的总量。

（三）社会实践理论对实践育人的启示

研究与分析布迪厄的社会实践理论，关键是体现对实践育人的指导与启示作用。布迪厄的社会实践理论包括惯习、场域及资本三个重要概念及其相互关系。惯习、场域及资本都对实践育人具有重要的指导意义。

1. 通过实践塑造学生独特的惯习结构

首先，布迪厄的实践理论认为，惯习是个体从幼年时积累起来的各种经验，是个体过去实践活动的结构性产物，是人们看待社会世界的方法。学习的目的是掌握知识、学会技能、提高能力，就是要通过实践积累来获得经验。能力不是抽象的存在，而是具体的存在，它需要在实践中获得和掌握。学习理论知识和实践知识，一是学习间接经验，二是获得直接经验，二者都需要实践。理论知识既要通过实践掌握，又要通过实践验证。在理论学习中，要通过反复地演算、推导和证明来掌握理论概念、原理、逻辑体系和技术方法，这既是学习的过程，也是实践的过程。人们常说的“听一遍不如做一遍，做一遍不如讲一遍”，就体现了实践在学习中的重要性。布迪厄的惯习理论认为，长期积累的经验构成了惯习的核心，它产生于实践，因此，通过实践来掌握、创新理论是基本的学习方法与创新路径。

其次，学习要做有心人，有目的地积累经验，塑造惯习。凡事预则立，不预则废，有目的地做一件事与无目的地做一件事的效果是大不相同的。为什么要学习理论？不是为了学习理论而学习理论，学习理论的目的是指导实践。在这一目标引导下，应用型人才培养的教师的教学要围绕理论应用于实践展开，不能为了讲理论而讲理论，要通过理论传授让学生掌握实践的应用。长期坚持,使学生在学习理论的同时养成积累经验的态度,最终形成自己的独特惯习结构。

最后,养成惯习有利于发掘学生潜能。惯习是布迪厄提出的场域—惯习理论中的一个重要概念。布迪厄作为实践社会学理论的创始者,他认为个体作为一个社会人,其实践行为的发生受到主观和客观两方面因素的共同影响,在主观方面影响人的实践行为的就是惯习。布迪厄认为,惯习是一种主观性情倾向,它来自个人长期的实践活动,一旦经过一定时期的积累,经验就会内化为人们的潜意识,转化成人的社会行为、行为策略的内生机制。布迪厄认为惯习是“持久的可转移的禀性系统”,而禀性是一种以特定及稳定的方式对事物进行思考和行动的倾向,这种禀性也可以认为是个体潜能,包括个体的性格、认知、情感倾向和认知策略。对个体来说,潜能可以在一定条件下转化为行动策略,对教育空间产生作用和影响。个体的“潜能”与学生的个性化发展紧密相关,影响认知与行动策略的选择,也应成为个性化教育空间的重要构成要素。

教育环境的作用越来越受到教育者的重视。在《教育大辞典》中,教育环境是“为培育人而有意识地创设的情境。一般可分为家庭教育环境、社会教育环境和学校教育环境。教育环境既是一般环境的一部分,又因其具有一定的目的性而不同于一般环境。”教育环境通常是指确保学校教学活动顺利进行的诸条件的综合,从空间范围来讲,既包括社会层面的教育环境,也包括学校层面的教育环境。

教育环境对教育成效之所以产生影响,关键在于教育环境的渗透作用。教育环境渗透,作为一种现象在教育中是普遍存在的,它往往通过一切时机、手段、方式、渠道和载体等体现出来。环境的渗透机理是“人们通过环境中信息的交换和交往中行为的交互作用,导致相互之间心理和行为的改变”。马克思说:“既然是环境造就人,那就必须以合乎人性的方式去造就环境。”个性化教育环境主要指的是学校教育环境,要充分发挥个性化教育环境对学生培养的渗透作用,通过教育环境渗透来激发学生的个性潜能,从而达到塑造学生惯习策略的目标。

2. 构建实践育人的场域环境

布迪厄所谓的“场域”是一个充满关系的社会空间，教育领域也是一个社会空间，在教育领域中有学术场域、课程场域等。在应用型人才培养过程中，与学生相关性最大的是课程，课程质量、课程设置、课程体系、课程评价、课程内容、课程教学方法等决定了应用型人才培养的质量和效果。因此，应用型人才培养课程是关键。这是由课程在教育中的地位所决定的。教育是通过课程来达到人才培养目标，学生在学校主要是通过课程的学习获得知识与技能，没有高质量的课程也就没有高质量的教育。提高人才培养质量的关键是提高课程质量，为学生创设个性化发展空间的关键是增强课程体系的柔性，学生通过对课程的选择，来实现个性化的发展。

课程本质上体现了师生关系、学校与企业关系、学校与利益相关方关系等社会关系。这就要求应用型学校的课程设置应符合应用型人才培养的学生发展、企业、社会及利益相关方的需求。课程设计指“拟定一门课程的组织形式和组织结构。它决定于两种不同层次的课程编制决策，广义层面包括基本的价值选择，狭义层面包括技术上的安排和课程要素的实施”。课程设计是通过对教育目标的规定、教育内容的安排和教学形式的组织，激发学生的潜能、促进学生的发展，它包括课程目标的确定和课程内容的选择和组织。课程设计既要实现学校教育的培养目标，也要建构课程体系和合理安排理论、实践课程等组成部分。

要实现课程对高等教育场域空间的生产和再生产，就需要围绕课程体系设计、课程内容选择和教学方法创新三个方面进行。

首先，对课程体系进行优化，通过课程体系的再设计，体现理论教学、实践教学和创新创业教育的融合，体现通识教育和个性化教育的融合，体现对国家、地方和校本等课程进行统筹安排与协调，使不同层次、不同类别的课程形成一个有机整体。在具体实践中，可以通过课程模块的设计增加课程体系的柔性，防止课程体系的碎片化倾向；通过课程置换，满足学生个性化需求，使学生在达到人才培养目标基本要求的情况下，增加学生选择的灵活性和个性化;通过校本课程与企业课程的结合使人才培养满足社会需求。

其次,在课程内容选择上,既要传授基础理论知识,又要强化实践应用内容。在基础理论知识传授上引入最新的理论研究成果和知识获得方法,在实践应用上引进最新的技术创新成果,使学生既掌握基础理论知识,又掌握实践应用。

最后,在教学方法上引入研讨式、项目式、案例式及信息技术等教学方法,提高教学的有效性。在大数据时代,大数据在教学领域的应用可以较好地提高教学效果和质量。信息技术、大数据技术,甚至人工智能技术广泛用于应用型人才培养。可以预期,在未来,人工智能技术在实践场景应用的独特优势将彻底改变现有的人才培养模式,为应用型人才培养创造广阔的空间。

3.增加学生的社会资本

正是由于场域的社会关系性,在特定场域内的个体就构成了具有结构性特征的社会关系,这种社会关系又为个体提供了社会资本。布迪厄把资本划分为经济资本、文化资本和社会资本三大形态,他更关注于文化资本和社会资本。他认为,文化资本和社会资本正在变成越来越重要的社会分层的基础。社会阶层的固化不仅仅是经济资本的固化,更表现为文化资本的固化,而文化资本的固化更不容易被打破。文化资本中的身体化的文化资本更无法通过经济手段“购置”,只能通过个体的长期实践活动积累内化,这种内化的过程十分漫长,而且必须由个体亲自体验和实践,其具有个体性、无意识性、独特性和符号性特点。而文化资本和社会资本更多来自实践而较少来自理论课堂和实验室。

应用型人才培养就是要培养学生的实践能力,在培养实践能力过程中培养学生的交际能力、沟通能力等。研究型人才主要培养做事能力,应用型人才既要培养做事能力,更要培养做人能力。在工程、管理实践中,绝没有一件事是凭一己之力可以完成的,都需要团队甚至是跨团队的协作才能完成,在这中间还需要有筹措、整合、利用资源的能力。如果说研究型人才培养是培养高精尖专才的话，那么应用型人才培养是培养通才，实际上是对人才培养提出了更高、更新、更广的要求。应用型人才要在社会、工程、管理等实践中积累文化资本和社会资本。

布迪厄的社会实践理论从社会关系研究出发，提出的惯习、场域及资本三个概念，论述了三者关系，通过社会实践理论，对应用型人才培养具有指导意义。

二、学习理论

做好应用型人才培养工作，就要研究应用型学生的学习特点和心理特点，围绕学生特点来开展教学与实践活动，科学设置教学课程体系、知识体系、技术技能体系和学生评价体系，通过一系列活动帮助和促进学生学习动机的形成、学习兴趣的培养和学习效果的提升。

（一）学习的概念及分类

学习心理是教育心理学研究的基本内容之一，在教育心理学研究中的学习研究，其内涵远远超过了通常所指的知识、技能、文化的范畴。在教育心理学研究中，对学习有不同的定位，最为研究者所接受的定义：学习是个体在特定情境下由于练习或反复经验而产生的行为或行为潜能的比较持久的变化。当前被广泛接受的定义为：学习是由经验所引起的行为或思维的比较持久的变化。从学习的定义可以看出，第一，学习的发生是由于经验所引起的。这里的经验不是指个体简单接受外部刺激或获得外部信息，而是个体与其所处情境之间双向交互作用的过程，更准确地说是个体“反复的经历”。而外部信息要对个体产生作用和影响，需要个体以现有的知识、技能和态度为基础来理解和把握外部信息，同时，新的信息进入又使现有的经验结构得以丰富和优化。第二，由学习而引起的个体行为变化可能立即发生，也可能需要长期积累才能发生。无论是长期还是短期发生，由学习引起的行为变化是比较持久的。第三，不能简单把行为变化归因于学习的存在。个体的本能、疲劳、创伤、成熟等也会引起行为变化，学习引起的行为变化是比较持久的，并引起行为水平的提高，而疲劳、创伤、药物等引起的行为变化比较短暂，并使得行为水平降低。第四，学习不仅仅指有组织的知识、技能等的学习，也包括态度、行为准则等的学习；既有学校中的学习，又有生活中的学习。

因此，学习是个体以自己现有的知识、技能、态度等为基础，通过与客体信息进行交互作用形成并改变自己的知识、技能、态度的过程。

一些著名的学者从不同角度对学习进行了分类。加涅根据学习的繁简水平不同提出了连锁学习、辨别学习、具体概念学习、定义概念学习、规则学习和解决问题的学习等六类学习；又根据学习结果不同将学习分为五类，即言语信息、智慧技能、认知策略、态度和运动技能的学习。奥苏贝尔根据学习性质与形式，将学习分为接受的学习、发现的学习、机械的学习和有意义的学习四类。

根据学习的意识水平，还可以将学习分为内隐学习和外显学习。内隐学习是指个体在与环境接触的过程中不知不觉地获得了一些经验，并因此改变其事后行为的学习。而外显学习则是有意识地去解决问题、做出努力并按照规则做出反应的学习。直觉就是长期内隐学习的成果。在学习复杂任务时，个体常常以内隐的直觉方式进行，因此，教育要适当引入内隐学习机制。

（二）学习理论的形成与发展

学习理论是心理学中较发达的领域之一。古希腊哲学家柏拉图、亚里士多德的论述中就有不少关于学习与记忆的内容，其中亚里士多德更是提出了邻近律、相似律和对比律，成为心理学中联想主义的主要理论基础。

以桑代克、华生为代表的行为主义学习理论认为，学习是在刺激与反应之间建立联结，即 S－R，形成习惯与反射，这是通过反复尝试实现的。

以德国格式塔学派为代表的认知学习理论认为“整体不是其各部分的总和”，强调经验的整体性，学习在于形成对事物、情境的全面理解。格式塔学派认为，学习的过程不是试错的过程，而是顿悟的过程。这是早期的认知倾向的学习理论。认知学习理论把人的认知看成整体的结构，而学习就是认知结构的发展过程。

以皮亚杰、维果茨基为代表的建构主义学习理论认为,学习是一个建构的过程,是学习者通过新旧经验相互作用来形成、丰富和调整自己的经验结构的过程,教学不是把知识经验从外部装到学生的大脑中,而是要引导学生从原有的经验出发,建构起新的经验。

1.行为主义学习理论

行为主义学习理论的代表人物华生将巴甫洛夫经典条件作用作为学习理论的基础。他认为学习就是以一种刺激代替另一种刺激建立条件作用的过程。个体的学习实质上就是通过建立条件作用,形成刺激与反应之间联结的过程,从而形成习惯。习惯的形成遵循频因律和近因律。频因律是指在其他条件相等的情况下,某种行为练习得越多,习惯形成得越快。近因律认为,当反应频繁发生时,最新、最近的反应更容易得到强化。

桑代克是美国著名的心理学家,他较早对动物及人类的学习、教学原理和学习迁移进行深入研究,创立了教育心理学这门学科,使教育心理学从教育学和儿童心理学中分化出来,成为一门独立的学科。因此,桑代克被称为教育心理学的奠基人,被誉为“教育心理学之父”。桑代克联结主义学习理论认为,学习的实质在于形成刺激—反应联结,学习要遵循三个重要原则,即准备律、练习律和效果律。学习律指学习者在学习前的预备定势。练习律指刺激与反应之间的联结随练习次数的多少而增强或减弱。效果率指个体对某种情境刺激的反应形成可变联结之后伴随着一种满足的状况,这种联结就会增强;反之,如果伴随的是一种使人感到厌烦的状况,这种联结就会减弱。也就是说,一个人当前行为的后果对其未来行为起着关键作用。教师要集中练习那些能起积极作用的联结,并且奖励所想要的联结。

行为主义心理学家把学习看作形成刺激和反应的联结,但也存在差别,巴甫洛夫和华生认为学习是通过刺激和反应的同时出现进行的,而桑代克认为学习是通过行为受到奖励而进行的。

2.认知学习理论

格式塔学习理论认为,学习就是知觉的重新组织。学习者把感知到的信息组织成有机的整体,在大脑中构建一种格式塔,对事物、情境的各个部分及其相互关系形成整体理解,而不是对各自经验进行简单的集合。格式塔学习理论强调学习者的知识经验的整体性和知觉经验的组织作用,关注知觉和认知的过程。

认知学习理论认为,学习就是认知结构的形成或改变,是一个人把同类的事物联系起来,并把它们联结成赋予它们意义的结构。布鲁纳认为,对一门课程的学习包括三个同时发生的过程。第一,新知识的获得。新知识往往与学习者已经掌握的旧知识相违背。第二,知识的转换。学习者把信息转换为各种不同方式,使之超出它们最初所给的事实,从而学到更多的知识。第三,评价。学习者检查所用处理知识的方法是否适合当前任务。教师在帮助学生进行评价中具有决定性作用。任何一门新课程的学习总是涉及获得、转换和评价三个过程。布鲁纳认为,学生不是被动的知识接受者,而是积极的信息加工者。

认知学习理论强调知识结构的重要性。布鲁纳认为,要帮助学生认识到那些看起来似乎无关的新知识其实是相互关联的,而且与已有的知识也是相关的。他所说的知识结构不仅包括某一学术领域的基本概念、一般原理,还包括学习的态度和方法。掌握知识结构使得基本原理更容易理解,更有利于记忆的保持等。

认知学习理论代表人物奥苏贝尔提出了有意义学习的概念,他认为,学生的学习如果有价值的话,应该尽可能地有意义。他认为有意义学习过程的本质,就是符号所代表的新知识与学习者认知结构中已有的概念建立非任意的实质性的联系,这是划分有意义学习与机械学习的标准。有意义学习必须具备的第一个标准是,新的符号与学习者认知结构中的有关概念具有实质性联系;第二个标准是,新旧知识的非任意性联系,即新知识与认知结构中的已有概念存在合理的或逻辑上的联系。

3.建构主义学习理论

建构主义学习理论的奠基人皮亚杰认为，知识是在主客体相互作用的活动之中建构起来的。这和马克思主义的能动反映论、实践论存在一定的共同点。这也是判断一种理论是否属于建构主义的基本前提，认识是一个主动解释并建构个体知识表征的过程。维果茨基强调，个体的学习是在一定的历史、社会、文化背景下进行的，社会可以为个体的学习发展起到重要的支持和促进作用。在教学中，学生通过与教师的互动交往，逐步把体现在教师身上的经验内化为自己的经验，从而可以独立地从事学习活动，将潜在的发展转变为现实的发展并不断创造新的最后发展区。

在知识观上，建构主义与行为主义、认知主义的学习有不同的特点。行为主义在学习和教学理论上认为，学习就是通过强化建立刺激与反应之间的联结，教学就是传递客观知识，学习者必须得到与书本或教学者同样的学习结果，无须考虑在这种传递中学生的理解和心理过程。认知学习理论认为事物的意义是独立于我们之外的，是完全由事物本身决定的，我们对事物的理解过程就是把这种意义转移到我们的头脑中。而建构主义学习理论强调，个体的知识是由人建构起来的，对事物的理解不仅取决于事物本身，事物的感觉刺激本身并没有意义，意义是由人建构起来的，它同时取决于我们原来的知识经验背景。不同的人由于原有经验的不同，对同一种事物会有不同的理解。

在学习观上，建构主义学习理论认为，学习不单单是知识由外到内的转移和传递，而是学习者主动建构自己的知识经验的过程，即通过新经验与原有知识经验的双向的相互作用，来充实、丰富和改造自己的知识经验。学习不是知识由教师向学生的传递过程，而是学生建构自己的知识经验的过程，学习者不是被动的信息吸收者，而是主动建构信息的意义，这种建构不可能由其他人代替。学习者的知识建构过程具有三个主要特征。一是主动建构性。面对新知识、新问题、新信息，学习者必须充分激活原有知识和经验，不断思考转换，形成新的假设和推论。学习者作为学习活动的主人，承担着学习的责任，需要对学习活动进行积极管理和控制。二是社会互动性。学习者和其他助学者结成学习共同体并在学习过程中进行沟通交流，分享各种学习资源，使共同体成员间形成相互影响、相互促进的人际关系。三是情境性。建构主义学习理论指出，知识是存在于具体的、情境性的活动之中。它不是一套独立于情境的知识符号，不可能脱离活动情境而单独存在。它只有通过实际情境中的应用活动才能真正被人所理解。学习应该与情境化的社会实践活动结合起来。

在教学观上，教学不再是传递客观而确定的现成知识，而是激发出学生原有的相关知识经验，促进知识经验的生长。基于这样的观点，研究者们提出了新的教学思路，如情境性教学、支架式教学及合作学习等。这些教学思路对教学实践产生了较大的影响。建构主义学习观对学习和教学做了新的解释，强调知识的动态性和学生的差异性，强调学习的主动建构性和社会互动性、情境性。学生是自己知识的建构者，教学需要创设一种理想的学习环境，促进学生的自主建构活动。

4. 人本主义学习理论

人本主义学习理论从全人教育的视角，从发展人性的目的，阐释了学习者整个人的成长过程，强调教育要注重启发学习者的经验和创造潜能，引导学习者结合认知与经验，肯定自我，进而实现自我。重点研究为学习者创造一个良好的环境，让其从自己的角度感知世界，发展出对世界的理解，达到自我实现的最高境界。其代表性研究者包括马斯洛、罗杰斯等。

马斯洛是人本主义心理学的领导人之一，他认为："人对于自我完善的欲望，也就是一种使他的潜力得以实现的倾向。"他认为，外在学习是单纯依赖强化和条件作用的学习，主要在于灌输而不在于理解，"学生学到的顶多不过像在他的口袋里装了几把钥匙或几个铜钱而已。学生所学的一切，对其个人的心智成长毫无意义"。而内在学习就是依赖学生内在驱动，充分开发潜能，达到自我实现的学习。

20 世纪 60 年代，罗杰斯创立了"以学生为中心"的教育和教学理论。罗杰斯认为，教学目标应该是促进学习者变化和学习，培养能够适应变化和知道学习的人，只有学会学习和学会适应变化，只有意识到没有可靠的知识，只有寻求知识的过程的人才是可靠的人，才是真正有教养的人。罗杰斯认为，学生学习有两种类型：认知学习和经验学习，对应的学习方式是无意义学习和有意义学习。认知学习只涉及心智，而不涉及情感，是一种“在颈部以上的学习”，而经验学习是以学生的经验生长为中心，以学生的自发性和主动性学习为动力，把学生的学习愿望、兴趣和需要有机结合起来，因而必然产生有意义的学习，有效促进个体的发展。

人本主义学习理论从理论上来说无疑是正确的，值得在教育实践中尝试和借鉴，但在具体的教育实践中实施起来也有很大困难，需要不断探索和努力发展。

三、学习理论对应用型人才培养的启示

社会实践理论是站在外部环境的角度来审视教育的策略与办法，学习理论是站在学生学习的角度来审视教育的策略与办法，二者各有侧重、相辅相成，共同实现对人的教育与培养。

(一)学习理论为应用型人才培养树立目标

行为主义创立的刺激—反应理论认为，个体的学习实质上就是通过建立条件作用，形成刺激与反应之间联结的过程，从而形成习惯。应用型人才培养要求学生在学习理论知识之后，能应用理论知识解决实践中的具体问题，形成创新能力，提高综合素养。在这个过程中，理论的学习相当于是条件建立的过程，没有“理论”这个条件刺激，也就不可能产生后面的“应用”这个反应。这就要求应用型人才培养在建立培养目标时将理论学习与实践应用相结合，通过理论学习指导实践，通过实践来验证和发展理论，形成创新，这就形成了应用型人才培养目标的合理定位。在应用型人才培养目标定位中既不能只重视理论的深度与广度的学习，也不能单方面强调应用而忽视理论的学习，或者将理论与实践分割开来、对立起来，而要将理论与实践融合起来。

在应用型人才培养实践中，往往形成理论与实践两张皮的现象，出现理论与实践的课程、课时的矛盾与冲突，似乎理论与实践是此消彼长的对

立关系，一谈到既要加强理论又要加强实践，就提出要多设课程、多加课时。理论课与实践课都是育人的手段与方法，要提高教学效果就要树立“以学生为中心”的教育教学理念，将理论知识与实践知识建构在学生原有经验与知识的基础上，使之“生长”出新的理论与实践知识与经验。特别是实践课程，很好地满足了建构主义学习理论提出的“知识是在主客体相互作用的活动中建构起来的”的观点。实践课程、实践教学是应用型人才培养的重要环节和载体，在实践中学习，使知识在应用中实现主客体的相互作用，从而建构起学习者新的知识和经验。

从人才培养目标上看，学习理论为确立正确的应用型人才培养目标提供了指导。第一，行为主义学习理论认为，在人才培养上要养成学生的“刺激－反应”习惯，并且这种习惯是需要长期训练与积累的。因此，在应用型人才培养中要把养成良好的习惯作为培养目标之一，以利于其今后的职业发展。第二，认知学习理论认为，良好的知识结构有利于学生的成长与发展，而每个人的知识结构是不一样的，需要自己主动在实践中建构。因此，应用型人才培养要把建立知识体系和结构作为培养目标和内容。第三，建构主义学习理论以学生为中心，教育应帮助学生主动建构自己的知识体系。建构主义学习不单单是学习者个人完成的认知活动，更是一个社会建构的过程，学习是通过参与活动而实现的文化的内化。以学习者为中心，以主动探究知识为特征。在设立应用型人才培养目标时要将学生获得实践应用能力和探究知识作为内容。

教学不只是教学生知识、技能，更要培养学生驾驭知识、技能的能力，启发智慧。也就是说应用型人才的培养方案应通过对学生的知识和技能教学，培养学生的理论、实践及创新能力。

(二)学习理论为应用型人才培养提供理论依据

应用型人才培养需要重视学生的实践能力和操作技能的培养，注重实践学习与学习情境的紧密结合，重视学生创新能力的培养。运用“以学生为中心，突出应用能力”的建构主义教学理念，采用支架式、基于问题、情境教学、认知学徒式的教学，由提出问题到学生自己通过思考、查阅资料、讨论找出答案，突出学生的主体地位，通过各种各样的教学活动，激发学生学习兴趣，调动学习者的积极性。

认知学习理论提出要培养学生的元认知能力，元认知策略是一种典型的学习策略。所谓学习策略，就是学习者为了提高学习的效果和效率，有目的、有意识地制定的有关学习过程的复杂方案。它以提高学习效果和效率为目的。元认知策略是学生对自己的认知过程及结果的有效监视及控制的策略。元认知策略控制着信息的流程，监控和指导认知过程的进行，包括计划策略、监控策略（注意策略）和调节策略。

教育工作要以学生为主体，以教师为主导，充分发挥学生的主动性，同时把促进学生成长成才作为学校一切工作的出发点和落脚点。学习理论把教学工作由经验向科学推进，正是在学习理论的指导下，人才培养的教学工作才具有科学性、预见性，具体的教学组织工作才具有可行性。学习理论从学习心理、教学心理、教学设计、课堂管理等多个方面为具体的教学实践提供了指导与借鉴。从学习心理活动过程看，站在学习者心理角度来开展教学工作是建构主义学习理论的基本要求。

在应用型人才培养过程中，尤其要关注学生的学习心理、学习策略，也要关注教师的教学心理、教学策略。把教与学结合起来才能达到良好的教学效果，仅偏重教或仅偏重学都不能体现教学的完整内涵。

1. 知识的学习

学习理论认为，知识的学习是复杂的过程，经历积累、调整和重构三种方式。知识的获得与知识的应用不是绝对依次进行，知识往往是在应用的过程中获得、理解和深化融合的。从建构主义视角出发，学习者获得知识的过程不是简单的知识由外到内的传递转移过程，这种建构活动是经由新信息与原有知识经验之间双向、反复的相互作用而实现的。从知识建构的基本机制来看，在知识建构过程中，学习者需要以原有知识经验为基础来同化新知识。与此同时，随着新知识的同化，原有知识经验会因为新知识的纳入而产生一定的调整或改组。知识的同化意味着学习者联系、利用原有知识来获得新观念，它体现了知识发展的连续性和累积性。

因此,知识的建构是通过新旧知识之间充分的、双向的相互作用而实现的。在获得新知识时,学习者需要充分调动有关的知识经验,分析、组织当前的新信息,生成对信息的理解、解释和应用。

在知识的学习中,一个重要内涵是对概念的学习与理解。概念是代表一类有共同特征的事物或观念的符号,概念有内涵与外延的区别,概念的获得本质上就是要理解一类事物共同的关键属性,使符号代表一类事物而不是特殊事物。赫尔提出联想理论,根据强化反应的学习理论来解释概念的形成机制。他认为,同类事物的关键特征可以由学习者从大量同类事物的不同例证中独立发现,通过强化,使学习者正确的反应与适当的刺激联结起来,进而形成学习者的概念。布鲁纳提出假设理论,他认为,在概念形成过程中,学生并非被动等待各种刺激的出现以形成联想,而是积极主动地去探究这一概念。认知心理学家罗斯提出范例理论,该理论对实际的概念教学具有较强的指导意义。

学习者获得概念的主要形式是概念同化。概念同化是利用学习者认知结构中的原有概念,以定义的方式直接给学习者提供概念的关键特征,从而使学习者获得概念的方式。认知结构中的旧概念可以为一个新概念的建立提供一个支点,当学习者在旧概念和新概念之间建立起一种实质性的联系后,学习者就获得新概念的具体意义。奥苏贝尔把概念同化分为上位学习、下位学习和组合学习三种基本形式,课堂教学中许多概念都是通过这三种形式的学习获得的。

知识学习中另一个重要目标就是要实现学习的迁移。由于学习是一个连续的过程,任何学习都是在学习者已经具有的知识经验和认知结构的基础上进行的,学习迁移就是"一种学习对另一种学习的影响"。在一般课堂教学中,教学内容的学习不是孤立存在的,先前学习是后继学习的前提与准备。布鲁纳认为,迁移可以被看作学习者把习得的认知结构用于新的学习。奥苏贝尔认为,一切有意义的学习必然包括迁移。在教学活动中帮助学生建立知识结构和认知体系时,应给学生呈现最大量的实例和知识的应用场景,以使学生了解课堂中习得的知识是如何应用的。

建构主义认为,学习迁移实质上就是在新情境中对知识的应用。

正是认识到迁移的重要性和普遍性,人们在教学中提出了“为迁移而教”的理念。影响迁移的因素很多,既有学生的个体因素,如智力、年龄、态度等,又有一些客观因素,如学习内容、教师教学方法、学习情境等,所以“为迁移而教”并不是一种显性的单一课程,它是教师在充分理解迁移的发生规律及其影响因素的条件下,在教学活动中与学生互动的结果。

2. 技能的学习

应用型人才培养离不开技能的学习与掌握,学生技能的形成同样是应用型高校教育、教学工作的一个重要任务。技能是一种动作,《心理学大辞典》将技能定义为:个体运用自己现有的知识经验,通过练习而形成的肢体动作方式和智力动作方式的复杂系统。皮连生认为,技能是在练习的基础上形成的按某种规则或操作程序完成某种智慧任务或身体协调任务的能力。总的来看,技能是指经过练习而获得的合乎规则的认知活动或身体活动的动作方式。技能按其性质可分为动作技能和心智技能。

动作技能是由外部动作以合理的程序组成的操作活动方式,它在学生学习活动中具有重要作用,它不仅是学生学习的重要内容,也是学生完成学习任务的重要条件。心智技能是借助内部语言在人脑中进行的认知活动方式。熟练的心智技能是人们有效完成各种智力任务的重要条件。技能的学习与掌握对学习者来说具有重要的意义。第一,技能掌握是完成学习活动、提高学习效率与效果的必要条件,也是学校教学的重要目标之一;第二,技能的形成有助于相关知识的掌握;第三,技能的形成有利于智力、能力的发展。学生掌握了某种技能,就能熟练地完成相关的活动任务,智力与能力的发展是以有关技能的形成为前提的。

在应用型人才培养目标中要形成一系列的能力,其前提是学生要熟练掌握一系列的技能。能力不是抽象的而是具体的,它以技能为前提并通过技能反映出来。应用型人才培养中形成学生的能力的过程就是学生动作技能与心智技能的形成过程,需要通过大量的练习才能掌握并熟练应用。因此,在应用型人才培养中要善于科学应用学习理论,引导学生积极建构学习内容和技能体系,形成学生的核心素养。

(三)学习理论为应用型人才培养提供方法论

应用型人才培养不仅需要理论的指导,而且需要具体方法的探索与实践,刺激反应理论、认知结构理论、建构学习理论等都为应用型人才培养提供了方法论的指导。

刺激反应理论认为,可以通过反复刺激并强化正向刺激,使学习者掌握知识、技能并提高能力水平。因此,在应用型人才培养过程中,通过实践形成对学习者的刺激并对正确的结果给予及时的奖励,可以提高学习者掌握实践技能的能力和水平。应用型人才的培养目标定位就是要提高学生的操作能力、解决问题能力、沟通与交流能力等。而这些能力的形成需要反复训练和演练,通过训练和演练这种强化刺激达到学生正确反应的效果,实现在实践中学习,在实践中纠错,在实践中提高。桑代克学习三原则中就有练习律,说明学习者更多的练习会使得刺激反应联结更加紧密和增强。行为主义学习理论广泛应用于教学实践,桑代克对教师的建议是"集中并练习那些应结合的联结,并奖励所想要的联结"。刺激反应理论广泛应用于教学和人才培养实践,很多学者根据该理论进行了大量的实践探索与研究。例如,将斯金纳的强化理论着眼于效果律,揭示机体从其行为后果中进行学习的规律。斯金纳认为,成功的教学训练的关键就是分析强化的效果,以及设计精密的操纵过程的技术,也就是建立特定的强化。在外语教学中充分利用信息化手段与工具对学生进行课内外的视听训练的实例,充分说明教师要把握好学生的兴趣活动,恰当地运用出现频率较高或喜爱程度较高的行为,坚持训练就能完成预定的学习任务。普雷马克原理也说明了这种强化的作用。普雷马克原理认为,高频活动作为低频活动的强化物,或者是用学习者喜爱的活动去强化学习者不喜爱的活动。在应用型人才培养中,学生往往喜欢参加实验、实训或实践活动,但是对理论的学习兴趣水平较低,这就需要教师针对不同的课程提供不同的强化物。通过实践课程、项目去强化学生的理论学习过程,形成"实践一理论—再实践"的人才培养模式。用实践去引导和强化理论学习,用再实践去验证理论。

认知学习理论研究的是个体处理环境刺激时的内部过程,而不是外显的刺激与反应。受不同教育哲学观点的影响,认知学习理论与行为主义学习理论相对立。根据时间、研究对象和研究方法的不同,认知学习理论分为早期认知学习理论和现代认知学习理论。其中,早期认知学习理论主要包括认知派学习理论的鼻祖——格式塔心理学的学习顿悟说和托尔曼的认知－期待说;现代认知学习理论主要包括布鲁纳的认知－发现说、奥苏贝尔的有意义言语学习理论和加涅的认知学习理论等。

认知派学习理论认为学习是有机体通过复杂的认知操作形成或改组认知结构的过程,在已有经验、内部动机的基础上充分把握情境中事物的联系与关系,强调理解、积极思考、学习内容的结构和认知的作用,注重培养学生的学习动机和学习态度。

认知主义学习理论提出了发现学习和有意义学习的方法,其核心由行为主义的强调外部刺激的学习驱动向关注学习者内部发现的学习驱动转变。在教学实践中体现为注重学习者的知识结构、内在动机、独立性与积极性在学习中的作用。

将认知学习理论应用于教学设计是指将认知学习理论和学科的特点结合起来进行教学设计,关注学习者个人认知结构的建立,提倡学习者在学习中主动获取、加工和重组知识,注重培养学生的学习动机和学习态度。为了保证教学有效,设计者需对学习者已有知识水平进行分析,并了解学习者对新知识在信息加工技能方面的总体倾向,以及学习者的认知水平、认知需要等其他特征。基于认知学习理论的教学设计的主要特点包括以下几个方面。第一,不仅关注学习外部环境,更关注学习者建立认知结构的过程。第二,在教学设计中,一方面重视任务的认知,另一方面重视对外部表现的分析。其将教学目标划分为认知、技能和情感目标三个层次。第三,设计适当的练习用以加强新旧知识间的联系,促进认知结构的发展。第四,采用多种学习与教学评价方式。对学生的评价,主张测验内容侧重考查学生的推理能力,反映学生对知识的理解。对教师的评价,注重教师启发学习者理解知识的教学技巧,关注教师激发学生积极主动参与教学过程的策略等。

建构主义学习理论认为,学习是一种自我建构的过程,所有的知识都是个体的认识活动的结果,学习者通过自己原有的经验来构造对事物的理解。因此,学习并不是机械地把外界知识搬入学习者的记忆当中,而是在学习过程中,学习者通过与外界相互作用,外界的新经验与原有经验进行碰撞、整合,最后建构出对事物的新意义。因此,传统学习观中的老师讲授、学生被动接受,进而反复训练、强化记忆的方法,转变为由学习者作为学习的主体积极主动地参与到学习中,根据自己原有的经验,借助其他人的帮助,利用必要的学习资料和学习工具,建构出新知识的意义。

基于对学习的崭新认识,建构主义学习理论提出不同于传统的教学观念。第一,教师要转换角色,“教师不再是知识单纯的传授者,而是学生主动建构意义的促进者、合作者和帮助者,是整个教学过程的组织者、指导者和协调者”。第二,教师要多下功夫在“备学生”上,认真考虑学生原有的知识经验,使要学习的科学知识落在学生可建构的范围之内。同时要创造性地备教材、备教法,创设良好的学习环境。教师可根据教材、参考书等,创设出真实的案例情境或提出能引起学生兴趣、反省及思考的问题情境。第三,教师要鼓励学生与老师之间、学生与学生之间的交流与合作,通过这种群体间的沟通互动、辩证澄清以及再建构的过程,使得学生先前非正式的经验更接近科学知识。第四,教师还要特别重视计算机、多媒体、网络等现代信息技术对教学的支持与作用,使之成为学生主动学习、协作式探索的认知工具。

杜威的“从做中学”理论认为,教学的过程应当是“做”的过程,这样学校里知识的获得才能与生活过程中的活动联系起来,从而有助于学习者的成长和发展。“从经验中学”,就是在人们对事物有所作为和人们所享的快乐或所受的痛苦这一结果之间,建立前前后后的联结。杜威认为:“一种经验能够产生和包含任何分量的理论(或理智的内容),但是,离开经验的理论,甚至不能肯定被理解为理论。”这就是杜威提倡“从做中学”

的重大意义。杜威还提出了著名的“从做中学”的五步教学法。教学过程应由创设真实的情景、提供需要解决的课题、提供辅助资料以帮助学生做出假设、引导学生解决问题、根据活动结果的成败得出结论五部分构成。他的“从做中学”理论对于以实验、实训、实践为基础的应用型人才培养无疑具有很大的借鉴作用。

从行为主义学习理念到认知主义学习理论再到建构主义学习理论的发展,充分体现了对学习内涵的理解不断加深,对学习路径的探索领域不断创新与发展。学习理论的发展和创新对应用型人才培养,无论从培养目标建立、培养模式创新还是培养路径选择上都提供了强大的理论指导。在应用型人才培养的课程设置、教学设计、教学方法等方面同样提供了重要的理论与实践基础,也是以应用型人才培养作为目标定位的高校做好人才培养工作的重要理论基础和实践指南。

四、多元智能理论

(一)多元智能理论的产生与发展

关于人类智能的研究源远流长,智能现象的探究通常属于哲学家的研究范畴。早期人们把智能和生命视为一体,不可分离,人的智力水平的显著差异是客观存在的。因此,对人类智能的测量和研究,一直是研究者关注的热点。德国解剖学家弗朗兹·约瑟夫·加尔于1796年提出了颅相学,即通过观察人类头骨的长相就能了解智能的优劣。19世纪,当心理学成为一门独立学科,智能研究开始进入心理学家的视野。直到20世纪50年代,认知心理学派崛起后,智能研究才开始受到心理学家的重视。不同学者对“智能”有不同的定义,但大致包含先天的遗传成分以及后天的学习能力。智能不仅包含心智认知过程,还包含随着社会情境的转变所发展出来的解决问题的能力。

德国心理学家斯特恩首先提出了智商(Intelligence Quotient,IQ)的概念,其测量公式为:智商(IQ)=心理年龄/实际年龄×100。此后,智商(IQ)逐渐成为度量人们智能高低的重要标准。至今,各国还在继续沿用和发展智商测量公式。智商测量被美国《科学》杂志誉为20世纪以来对人类社会发展贡献较大的科技成果之一。

单一的IQ测量在很大程度上满足了人们对很多测试方面的需求，例如将其作为人才选拔以及按成绩、能力分快慢班、实验班等的标准，但智商理论也存在很大不足。首先，智商理论认为，智能只是一种单一的以逻辑推理或语言能力为核心的能力，即除了逻辑与语言能力之外，其他能力都是没有价值和被忽略的。但是，这就无法解释智商低而成就大或智商高而成就低的现象。其次，智商理论假定个体都能被单一的、标准的、可量化的数据所准确描述。所以，智商理论所造成的"IQ式思维"，一方面使人们忽略了除逻辑和语言以外智能在其他方面的多元化发展，另一方面在客观上直接抑制与忽略了许多不擅长逻辑和语言但具有其他才能的学生。而最为严重的影响是推动教育者用整齐划一的教学方法和测试方法去对待具有不同个性、特长的学生，把个体间的差异性及其重要性直接忽略了。因此，IQ成为判断人们是否聪明的重要指标的同时，因其只注重外在显性行为，而忽视内在的认知过程，从而人为隔断了智能与外部客观世界的联系，忽视了智能活动的动态发展过程，掩盖了智能的本质和发展规律，也就更无法说明非智力因素对智能开发的影响。由于这些缺陷，人们开始对传统单一智能理论提出了质疑。

传统的智力理论认为，智力是以语言能力和数理逻辑能力为核心的、以整合方式存在的一种能力，认为智能是单一的。在比奈发明智力量表后，智商成为判断一个人是否聪明的标志。随着时代的进步和科学研究的深入，一些西方心理学家在批评传统智力理论的基础上提出人具有多种智力，如斯皮尔曼的二因素论、艾森克的三维结构模型、斯坦伯格的三元理论等。这些理论认为人具有多种智力，并且这些智力都与特定的认知领域或知识范畴紧密相关而独立存在。

多元智能理论是美国哈佛大学霍华德·加德纳于1983年在其著作《智能的结构》中提出的一种关于人类智能的理论。

霍华德·加德纳是美国哈佛大学教育研究生院教授和该院"零点项

目”研究所所长，是具有重要影响力的发展心理学家和教育学家。“零点项目”研究所建立于1967年，其创始人纳尔逊·古德曼教授认为，艺术作品不仅仅是灵感的产物，艺术也不仅仅是情感和直觉的领域，而与认知有关。形象思维和科学思维是同等重要的认知方式，但对形象思维和艺术教育的认识却较少。“零点项目”的优秀成果之一，就是加德纳于1983年提出的多元智能理论。加德纳经过多年对心理学、生理学、教育学、艺术教育的研究，证明了人类思维和认识世界的方式是多元化的。通过对大量心理学实验数据及实例的观察与研究，加纳德认为人类至少存在七种思维方式。据此，他提出了人的七种智能，即语言智能、数学逻辑智能、音乐智能、身体运动智能、空间智能、人际关系智能和自我认知智能。实践证明，每一种智能在人类认识世界和改造世界的过程中都发挥着巨大的作用，具有同等的重要性。加德纳还认为，每个人与生俱来都在某种程度上拥有这七种智能的潜能，环境和教育对于能否使这些潜能得到开发和培育具有重要作用。加德纳的研究表明，过去流行的智商测试，只重视课堂学习，忽视了社会实践。单纯依靠标准化考试来区分智力水平的高低甚至预言未来的成就和贡献是片面的。这种做法实际上过分强调了语言智能和数学逻辑智能，否定了其他同样重要并为社会所需要的智能，使学生个体的许多重要潜能得不到确认和开发，造成学生中相当数量的人虽然考试成绩很好却不能独立解决实际问题，这是人才的极大浪费。

（二）七种智能理论简介

在生物医学、信息技术的推动下，研究者对大脑智能研究的广度与深度不断加强，传统的单一智能理论已经受到越来越多的各种新理论的挑战。研究表明，每一个正常的个体都应该拥有多项智能，而不是只拥有单一智能。智能的发展程度和智能的不同组合也造就了人类个体的差异。在这样的形势下，“单一观的智能理论”逐渐受到抛弃，既符合认知科学的研究成果，又尊重学生不同智能发展及个体差异的“多元观的智能理论”，受到各界尤其是教育界的管理者和教师越来越多的关注和重视。

智商理论认为，智能是以言语能力和数理逻辑能力为核心的、以整合的方式存在的一种能力。因此,除语言能力和逻辑能力外,其他智能是没有价值的。加德纳反对这种“单一观的智能理论”,他认为,随着对人类大脑功能的研究与认识不断深入,以及各种文化背景的差异,智能定义要考虑以下两个因素:一是能在不同的领域中熟练运用其能力的个体;二是能提供机会、教育组织及价值观来培育上述个体的社会。为此,加德纳重新定义智能的概念,认为智能应是“在一定的社会文化背景下,个体用以解决自己面临的真正的难题和生产及创造出社会所需要的有效产品的能力”。

加德纳分别从生命科学、逻辑分析、发展心理学及传统心理学等领域完善和确认了判断智能存在的标准并提出了多元智能理论,认为个体身上相对独立存在着与特定的认知领域和知识领域相联系的七种智能。每种智能都是依据该种智力的终极状态进行的,终极状态是指在很大程度上依赖于某些特定的智力并扮演着一定社会所认可和珍视的社会角色的人所具有的最佳表现。

1. 语言智能

语言智能是指个体流利高效地运用语言描述、表达与交流的能力,即通常意义上的“听、说、读、写”能力。

2. 数理智能

数理智能是指通过数理运算和逻辑推理等进行思维的能力。这项智能对事物间各种关系,如类比、对比、因果和逻辑等抽象关系十分敏感。

3. 音乐智能

音乐智能是指感受、辨别、记忆、创作、改变和表达音乐的能力,主要表现为对音乐(如节奏、音调、音色和旋律)十分敏感,以及能够通过作曲、演奏和歌唱等方式来表达音乐的能力。

4. 空间智能

空间智能是指通过感受、辨别、记忆和改变物体的空间关系并借此表达思想和感情的能力,主要表现为对结构、线条、色彩、形状和空间关系极为敏感,以及能够通过平面图形和立体造型将上述关系表达出来的能力。

5. 身体运动智能

身体运动智能是指运用肢体的能力，主要表现为能够较好地控制自己的身体，对事件能够做出恰当的身体反应，平衡、力量、协调、敏捷和速度等各方面能力俱佳，以及善于利用身体语言来表达自己的思想和情感的能力。

6. 自我认知智能

自我认知智能是指个体认识、洞察和反省自身的能力，主要表现为个体能够对自身的情绪、动机、欲望、个性、意志等方面进行正确认识和自我评价，并在此基础上形成自我尊重、自我约束和自我控制的能力。

7. 人际交往智能

人际交往智能是指个体与他人和谐相处和正常交往的能力，主要表现为个体能够自觉观察、感受他人情绪、情感和意图，如通过面部表情、声音的变化和动作的敏感性，来分辨和区别不同人际关系的各种暗示，并对此做出积极适当的反应的能力。

(三)多元智能理论对教育的启示

多元智能理论已经被广泛应用在大量的教学方法研究和开发探索中。由于所有类型的智能最初都来自遗传，所以用基本的标准来衡量，每一种智能发展都来源于人类原始的模仿能力。

1. 正确处理智能的多元性

根据多元智能理论，智能既可以是教学的内容，又可以是与教学内容相关的手段与方法。

首先，每种智能都是同样重要的。智能不再是以逻辑智能和语言智能为核心的传统智能，在个体发展中每种智能都处于同等重要的地位。每种智能各具特点，判别标准也必须是多元的。其次，每个人都具备所有智能。多元智能理论认为，因为每种能力都遵循相似的发展轨迹，都最初源自婴儿时期的模仿行为，所以每个人天生拥有各种智能的基本能力。但是，每个人在各种智能的发展程度和组合方式上会因遗传基因与环境因素而有所差异，而且最终都会以各自的方式将自身的多种智能进行融合。

最后，大多数人的智能都可以得到充分发展。多元智能理论认为，每个人都有能力使各种智能发展到适合自己的水平。当然智能发展的水平依据个体所在的不同社会文化背景而有所区别，每种文化或社会都会对不同智能有不同的测评标准和要求，使得个体在不同动机的推动下去开发智能的不同方面，这也解释了为何在某种社会环境下人们的某些特定智能会有不同的发展。

2. 为开发学生潜能提供了方向

依据多元智能理论，由于人类具有七个方面的智能，因此，学生的潜能、创造能力的开发空间很大。有的学生可能不擅长逻辑思维能力，但在其他方面展现出潜能和创造力，这样，就为教育提供了空间和可能。学校或教师，关键在于发现并发展学生的优势智能，并为学生实现自身的价值提供良好的路径及指导。①

长期以来，教育者更多关注学生的逻辑能力的高低，以课堂考试分数来评价学生，把很多具有其他智力潜能的学生归为差生或低智力水平的学生，没有意识到这些学生其他智力潜能的开发。多元智能理论说明，学校或教师，更要关注每个学生的智力潜能，为学生智力潜能的开发创造更好的条件和环境，那种一张试卷评学生的做法再也不能适应当代学生的评价要求了。

3. 为教育创设了空间

教育空间既包括经济空间、地理空间，也包括社会空间。这里所说的教育空间是指教育机构和教育者实施教育行为的空间，包括人才培养目标定位、课程空间、教学发展空间、学生成长空间等。在传统智力理论下，当一名学生被认为数学逻辑智能水平较低后，这个学生就会被否定，被划为“难教”的学生。教师这样认为，学生本人也认为自己不可能学好，教与学两个方面的空间都受到极大的压缩。而多元智能理论出现后，这样的

---

① 朱桦. 多元智能与生涯教育[M]. 北京：中国纺织出版社，2021.

学生仅仅只能被看作“在某一方面”智能较差，并不代表这个学生在其他方面都差，可能在其他方面还有突出的智力潜能优势。这样，既给教好这样的学生创设了空间，又为学生正确认识自己、寻求更适合自己的学习方式创设了空间。多元智能理论的创新把个体智能空间由一维空间推进到多维空间，使个体的智能发展领域得到极大的拓展。传统的智能仅指语言智能和数学逻辑智能，而多元智能理论将其他五项能力也纳入智能内涵中，使通过教育开发个体智能的领域无论从广度还是深度上都得到极大的拓展与提高。

多元智能理论对智能的重新界定使社会重新审视人类智能，这种审视深刻地影响着教育在学生观上的变革。多元智能理论的学生观认为，几乎每个学生都是聪明的，由于智能的多元性，即使是脑损伤者或者是特殊教育对象，都有其突出的智能特点。智能是可以通过环境和教育来发掘和发展的，学生的差异性正是学生发展的前提，每个学生都应该被平等对待，认识到每个学生内在的天才特征，使其得到更好的发展。加德纳曾经说过：“要把每一个学生都当作天才来欣赏和培养。”这句话深刻地揭示了多元智能理论看待学生培养的两个方面的观点：一是平等对待每一个学生；二是发掘其天生具备的潜能。

在重视学生的个性差异上，多元智能理论的教育观与孔子教育理念中的“因材施教”不谋而合。多元智能理论的教育观要求教师尊重学生的智能差异，根据学生的智能差异进行培养模式的构建，要“为了多元智能而教”“运用多元智能而教”。多元智能理论并不要求把学生培养成全才，而是主张发现每个学生自身的优劣势智能，探索出一条适合该学生的发展道路，它要求对每个学生予以高度关注。因此在教学过程中，要避免“一刀切”式地损害学生天性与长处的做法。人在任何一个阶段，其智能都有发展的可能和发展的空间。

多元智能理论对人才的界定突破了传统的智能观念。其“因材施教”的教育理念，诠释了教师应该高度关注每个个体的智能特点，对个体的优劣势智能进行有效的分析评价。在课程设置、考核评价等方面都要体现个体的独特性、考核的多维度性，以便对人才进行全面多维度的考核。对于多元智能观来说，每个人都是可塑之才；对于高校来说，教育者通过何种方式培养学生，对人才的成长起着关键的作用。

传统的智力观将智力和非智力因素隔离开来，这就体现了非智力因素在社会和文化中的“非珍视”地位。而多元智能理论消除了智力与非智力因素的界限，将人的多方面的能力均归纳到智能的范畴。这意味着知识观面临巨大的变革，其涵盖面的拓宽，也对高等教育的教学和课程内容提出了挑战。

智能是相互独立的，因此设立多类型多层次的课程对学生的知识素质能力的全面构造起着重要的作用。传统的“重理论轻实践”和“重智商轻情商”的课程理念已经不适应当今经济社会的快速发展，更不利于学生的自主性、创造性的培养，阻碍其在工作中的发展和自身的全面发展。因此，在课程理念的更新、课程设计、课程间的合理安排上都要在多元智能理论的基础上有所突破。

多元智能理论的创立与发展，使智能概念的内涵和外延都发生了变化，整个人类社会重新审视人类智能的发展过程和智能的结构体系，在学生、教师、课程等方面为应用型人才培养与创新创设了广阔的空间。

4. 为个性化教育提供了依据

在我国大学教育由精英教育向大众教育进而向普及教育发展的过程中，也面临一些问题，较突出的有两点：一是高校培养杰出人才的能力有待加强；二是大学生质量特别是整体素养有待提高。究其根本原因，是人才培养模式、课程体系的趋同性与学生个体个性化发展、多样性成长之间的矛盾，即高等学校教育供给统一性与学生需求多样性间的矛盾。为此，高等学校需要通过提供满足学生个性发展的个性化教育来提高人才培养质量，从而培养出杰出人才。

当前，高等学校“千校一面”的格局还没有根本改变，高等教育人才培养统一的教学模式、统一的课程设置、统一的教学内容等都与学生个性化成长需求产生矛盾，使得学生个性化成长空间不断压缩。为解决这一问题，一批高等教育专家、学者大力倡导和努力探索高等学校个性化人才培养的路径。

顾明远认为，个性化教育就是培养学生个性发展的教育。为了使学生个性发展，就要为每个学生提供最适合的教育，使学生的个性特长得到充分发展。刘献君认为，个性化教育是面对独特的生命个体，通过适合每个独特生命的手段，发掘个体生命的潜能，促进个体生命自由发展的教育。卡罗尔认为，个性化教育是在学习者个性特征与学习环境之间努力达到的一种平衡，它是学习者个性特征与所学知识、概念、行为方式、学习环境、激励系统及习得性技能之间的一种合理匹配，而且是一种连续的过程。

多元智能理论提出的七种智能超越了狭隘的仅以语言和数理逻辑智能为依据的传统智能概念，提出了一个相对全面的开放性的智能概念和结构。它使得人们由关注“你的智能有多高”转为关注“你的优势智能类型是什么，你具有什么样的潜能”。加德纳对智能进行界定的目的不是衡量个体所取得的成就，更不是给个体贴上“聪明”或“愚笨”的标签，而是为了在其原来的基础上更好地促进个体发展。多元智能理论的出发点是人类潜能的发展问题，其目标体系的重构，可以改变看待、评价学生的视角，为教师和家长在教育目标上展现出更开阔的视野。可根据多元智能测验，了解教育对象将来可能有杰出表现的领域。这个发现对教育的意义无疑是重大的。在传统的知识型考试中表现平平的学生，可能具有其他方面的优势。多元智能理论的提出打破了传统的单一智能的观点，着眼于学生的发展潜能，开阔了教育视野，同时为拓展学生潜能的发展空间提供了科学依据。

在多元智能理论指导下，个性化教育成为一种发展趋势。个性化教育应重视以下两点：一是突出学生在教学中的主体性；二是尊重学生间的差异。尊重学生间的差异，不仅应尊重学生的需要，还应观察、发现、引导学生的潜在需要，使学生的发展既适合个人的智能个性特征，同时也促进社会进步。这也是在“以人为本”教育理念下，学生应享有的权利。此外，尊重教育者即教师的差异，每名教师的学习经历、个性品质和思维方式等各不相同，要开展个性化教育，首先要培养个性化的教师，在多元智能理论指导下的个性化教学中，教师应突破教材和传统教学方式的局限，多一些思考、多一些个性、多一些实践，个性化地处理教材，真正享受“以人为本”教育理念下个性化教学的权利。

应用型人才培养为个性化教育创造了很好的平台和空间。在应用型人才培养过程中，大量的实践教学内容是个性化教育的载体。在具体工程、管理和创新实践中，解决问题的方法不是一种而是多种，不同的解决问题的方法是基于不同的智能模式创造的。在理论教学中，教师、学生比拼的是数学逻辑智能，而在复杂的实践场景下，比拼的是多元智能的综合能力。因此，应用型人才培养更好地体现了多元智能理论的价值和应用前景。

第五章　工商管理专业应用型人才培养模式

第一节　应用型人才培养模式的特征

一、以应用型为主的人才培养目标

应用型人才培养目标的制定主要基于两个方面的考量:一是学校应用型的办学定位;二是地方经济社会发展的现实需要。应用型本科高校将培养服务经济社会发展的高素质技术技能型人才作为目标,不仅是适应社会发展的需要,更是应用型高校本质属性的体现。应用型人才培养目标的重点在于"应用",其要点在于理论应用于实践,突出能力要素。我国正处于全面建成小康社会,加快转变经济发展方式,全面深化改革的关键时刻,要求高等教育向现代生产服务一线提供既掌握现代科学技术知识又接受系统技能训练的应用型、复合型和创新型人才,特别是产业链高端的技术技能人才。

二、以高素质技术技能为主的人才培养规格

应用型人才培养规格是指依据应用型人才培养目标而对应用型人才规定的素质、知识和能力的要求,主要包括以下几个方面。

1.在素质要求方面包括:思想政治素质、公民道德素质、职业素质和身心素质等。

2.学生的思想政治素质要求:坚持中国共产党的领导、维护社会主义制度、掌握马克思主义思想、树立社会主义核心价值观等。

3.学生的公民道德素质要求:热爱祖国、诚实守信、正直友善等。学生的职业素质要求:热爱职业、具有职业精神、具备处理日常工作中生产实践问题等。

4.学生的身心素质要求:身体和心理健康、树立积极向上的世界观、人生观和价值观等。

5.在知识要求方面包括:直接保全自身的知识、间接保全自身的知识、专业理论知识和社会实践知识等。

6.在能力要求方面包括:具备动手操作的能力、具备理论应用于实践的能力。

应用型人才培养规格的重点在于要求学生的职业素质和能力要求。应用型人才培养区别于理论型、研究型的最大特点是应用型人才适应一线生产生活,具备实践操作技能,因此处理生产一线的实际问题是应用型人才立足于行业企业、立足于工作的重中之重。①

三、以产教融合、校企合作为主的培养过程

应用型人才培养过程是应用型人才培养模式构建的核心内容,在地方本科高校转型发展的大背景下,应用型人才培养过程的宏观理念为“产教融合、校企合作”,其微观方向为“专业转变、课程转变、教学转变”。

(一)专业设置

专业设置是高等教育部门根据科学分工和产业结构的需要所设置的学业门类。要考虑的两个方面因素为:学科的成熟度与社会需求性。学科的成熟度制约着专业发展的质量,而社会需求性则考验着学习专业的

① 林金辉.高素质创新人才培养模式研究[M].厦门:厦门大学出版社,2016.

人才未来的就业质量。专业设置与社会需求性相适应既有利于人才的复合型培养,也有利于学校准确设立专业。

(二)课程内容

按照课程性质的不同,可以将课程分为基础课程和专业课程。“基础”与“专业”不仅对人的全面发展起着至关重要的作用,并且也是教学要求的两个方面。针对具体职业需求改革和增删课程内容,使其更加贴近职业需求,这一过程也可以看作是贴近工作岗位的过程。目前“岗位倒逼”的教学方式是课程内容与职业需求对接的一种具体体现,“岗位倒逼”即“职业需求倒逼”,将职业需求融入日常课程内容,在学习课程内容中掌握职业需求知识,这将在一定程度上提高学生就业、创业的有效性。

(三)教学过程

教学过程的实践化应用型教学模式的要求。高校教学过程要突破教室的封闭区域,走入生产一线让学生亲自操作。从一定意义上说,应用即操作,教学与实践相互补充,互为依托,教学为实践提供可能的理论支撑与技术创新,而实践为教学实践提供平台与氛围。

综上,高校应用型人才的培养应注重以下三个方面:第一,能力培养上,注重学生的动手能力和实践能力;第二,知识的掌握上,以必需的专业理论知识为主;第三,人才培养目标上,以培养适应当地经济和社会发展需要的相应专业的中高级管理者为主。

第二节　应用型人才培养模式下教学的典型特征

应用型人才培养模式的应用型教学模式下,学生是学习的积极主体,教师的主要任务是为学生的学习提供必要的指导和帮助,其教学方法比较丰富。应用型人才培养模式可以归纳为以下四个方面的特征。

一、把练习放在教学的中心位置

应用型教学模式的最大特点是把练习放在教学的中心位置,其中最重要的练习是作业。作业主要训练学生运用所学理论知识解决实际问题的能力。上课主要是对课程的重点内容进行深入的讨论。是老师与学生间的互动，学生需要参与到问题的讨论中，提出自己的见解。如果是应用性较强的专业课程，如营销管理，甚至由学生充当上课的主角。针对老师指定的问题，学生准备好书面的解决方案，并在课堂上进行演示，以锻炼学生应用理论知识解决实际问题的能力和书面、口头表达能力。正式作业加上课的练习和师生对话，学生基本上把所学知识都用了一遍，对基本的理论知识，学生还有机会反复练习。学生在大学里不仅接受了新的知识，更通过练习锻炼了应用所学理论知识解决实际问题的能力。教师的职责是在学生有需要的时候提供指导，上课的主要目的是告诉学生需要掌握的知识点。

二、训练学生应用理论的能力

应用型教学模式培养的是学生应用理论解决实际问题的能力，而不仅是实际问题解决方法的传授。教师在讲授实际操作技能时，往往把重点放在实际操作与其支撑理论的联系上。以营销管理课程为例，这是一门实用型的专业课，学生可以学到很多商业活动中的促销技能。但该课程的重点却放在理论介绍上，如产品的特征和分类、消费者的购买决策模型等，然后反复训练学生应用这些理论来选用合适的促销方式，而不是简单地把各种新奇的促销方式灌输给学生。这种教学方式训练了学生的应用能力，学生不但掌握了具体的操作技能，更熟悉了具体操作技能背后的支撑理论，这样他们就有能力根据不同的条件灵活运用这些促销方法，甚至创造出新的方法。教师在指导学生学习理论知识的时候，则把重点放在了理论的应用上。

三、应用性标准高于学术性标准

应用型教学模式与应用型大学的定位相对应，一般先向学生介绍基本理论和概念，然后就开始重点训练学生应用基本理论解决实际问题的能力，教学内容的新颖性、理论深度和理论体系的完整性等学术指标受重视程序相对弱一些。这种突出培养学生应用基本理论解决实际问题能力的教学方法符合大多数学生的利益。学校认为解决实际问题的能力很重要，而了解更多更新的理论知识对提高工作能力的作用并不大。但从学校的长远发展考虑，一所大学肯定不能完全放弃学术上的追求。对少数希望继续深造或对学术研究感兴趣的学生，为他们提供了足够的发展空间。每门课都编撰了专门的学术论文集供学生阅读，在教学辅导书中也向学生推荐大量学术论文和著作，教师有专门的答疑时间，对学生在文献阅读中遇到的问题进行指导。还把成绩优秀的学生挑出来，组织教师专门对其进行学术上的培养。

四、教学内容少而精

应用型教学模式的教学思路是把重要的知识教给学生，并让学生掌握应用这些知识的能力，其教学内容少而精。课程很少，但每门课程的学习任务非常重。学生的学习任务分三个部分，每部分需要的时间大体相当，第一是教师指导下的学习，即两小时的授课，向学生介绍需要掌握的知识要点，以及 2h 的辅导课，用于研讨重点问题；第二是学生的自学，包括阅读教材和指定的参考资料等；第三是完成作业等练习任务。学生选修在授课、辅导课、作业和考试等教学环节中，重要的内容不断重复，学生不断反复练习、使用基本理论知识。这样，学生知识面虽然比较窄，但学得非常扎实，不仅熟练掌握了基本理论和概念，也掌握了运用基本理论解决实际问题的能力。

第三节　应用型人才培养模式下的教学策略

应用型人才培养模式下的教学应该重点训练学生应用基本理论知识解决实际问题的能力。本科应用型人才不仅应该掌握具体的操作技能，更应该熟悉具体操作技能与其背后支撑理论之间的联系，并有能力运用所学理论去解决新的问题。为培养学生应用基本理论解决实际问题的能力，需要调整教师教和学生练之间的关系，把练习放在教学的中心位置，通过练习把理论和实际结合起来。在教学活动安排上，需要精简教学内容，根据应用性标准对教学内容进行取舍，并减少课程设置，把教学的重点从知识或技能的传授向学生应用基本理论解决实际问题能力的训练转移。

一、调整教与学的关系

应用型人才培养模式下的教学需要调整老师教与学生练的关系，把学生应用所学的理论知识解决实际问题能力的训练放在最重要的位置。与国外大学重视学生能力培养的教学方式相反，国内大学非常重视知识的传授。大学最重要的教学环节是上课，教师在课堂上向学生灌输大量知识，但学生在学校里基本没有机会练习与应用所学理论知识。学生在课堂上接受的知识，在将来的工作中能用到的只有一小部分，但偏偏这用到的一小部分知识学生只是在课堂上听老师讲过，自己还不会运用。这种教学方式培养出来的学生缺乏的恰恰就是应用能力。因此，对定位于应用型本科院校的学校来说，仅在课堂上向学生传授知识是不够的，还需要训练学生运用所学理论的能力。学生在大学里不仅应该学到知识，更要花大量时间与精力练习、使用这些理论知识，锻炼解决实际问题的能力。①

二、培养学生应用理论的能力

应用型人才培养模式下的教学培养的应该是学生应用理论解决实际问题的能力。但是有些院校培养学生的应用能力，常常把重点放在实际操作技能的学习上，比较常见的做法是增加实务性的课程，或者鼓励学生参加社会实践。但这种实际操作技能的学习往往没有和其背后的理论知

① 邓院方.应用型本科教育与高职专科教育衔接提升研究[M].武汉:武汉大学出版社,2017.

识紧密地结合起来。国内学生的理论基础比较扎实，理解这些操作并无问题，但学生没有学会如何利用所学理论知识来设计或选择这些具体操作程序，也缺乏利用所学理论知识解决新问题的能力。对学生应用能力的培养可采取这样的教学方法：对理论性课程，要根据其在整个课程体系中的地位突出其应用价值，训练学生把理论应用到现实中去的能力。对实务性课程，不能满足于教会学生具体的操作技能，更需要把重点放到理论与问题解决方案之间的联系上，让学生不但掌握具体的操纵技能，更要学会应用理论知识解决新问题的能力。

三、明确学校的应用性定位

应用型人才培养模式下的教学应该坚持以应用性标准来组织教学活动。国内大学似乎有学术追求的传统，即使是应用型大学也不例外。教师挑选教材时讲究学术上的先进性，上课时更愿意把本学科的最新进展讲解给学生，教学计划的安排也要体现本学科最前沿领域的发展，似乎这样才能体现一个学校的教学水平。但这种学术上的追求偏离了应用型大学的定位。深奥或前沿的理论往往缺乏直接的商业应用价值，教学上的学术性追求不仅无助于学生应用能力的培养，还占用了学生宝贵的学习时间，影响学生学习基本理论并练习、应用基本理论解决实际问题的能力培养。因此，国内应用型大学即使基于长期发展的考虑需要追求一定的学术性，也只能把学术性追求活动放到正常的教学环节以外，例如只对少数优秀学生进行学术训练的方式。应用型人才培养模式及启示或者只拿学术性标准要求教师，但必须坚持教学过程的应用性标准。

四、精简教学内容

应用型人才培养模式下的教学应该把教学的重点放到基本理论应用能力的训练上，而不是一味地向学生灌输更多知识。国内大学追求扩充学生知识面的课程设置及教学模式不利于学生应用能力的培养。国内大学似乎站在澳大利亚大学的对立面。老师上课忙着向学生灌输新知识，学校排课面面俱到，连体育课在内，学生每个学期能有十门课。这种填鸭式教学模式带来的一个后果是学生的知识面虽然广，什么都知道一点，但熟练掌握得很少，更不用说应用这些理论知识的能力了；另一个后果是学生忘得快，教师在上专业课时，往往发现学生已经把基础课内容忘得差不多了。学生在大学里苦学四年，即使毕业后找到专业对口的工作，能用到的也只是所学知识中非常有限的一部分，但工作能力的锻炼却还需要从头开始。应用型大学应该减少课程设置，改革填鸭式的知识灌输方式，腾出时间来训练学生的理论应用能力。与其让学生接受大量知识而不会应用，不如让学生学得少一点，但能够运用所学理论知识去解决实际问题。

第四节 应用型人才培养方案的优化改革

应用型人才培养方案需要以就业为导向，以培养应用型人才为目标，充分考虑行业、企业专家意见，贯穿理论教学和实践教学两条主线，注重知识结构、能力结构、素质结构的搭建，着力体现思政素质、专业素质、文化素质和身心素质的培养。培养方案中应该重点加强实践教学这条主线，积极探索多样化实践教学方法，其中要求学生参加包括课程实验、实习实训、教师的科研项目、科技竞赛、科技讲座、创造发明等与培养创新能力有关的实践活动。

近年来，部分地方院校在人才培养方案上做了重大改革。有的学校开始实施"分专业招生大类培养"教学模式，学生在入学前两年实行大类培养，而后进入专业培养阶段，如电气大类共有电气工程及其自动化、光源与照明、建筑电气与智能化三个专业教育培养通道，能较大限度地满足学生在电气类不同工程专业领域的成才发展需求。其中电气工程及其自动化专业进一步加强了实践教学，特别是加强了和相关企业的合作，企业实习避免单纯的短期参观的形式，主要利用假期短学期顶岗实习和毕业实习，将学生派到企业，选择专业对口的工种和指导老师，学校和企业、学生和工程师均建立一种长期联系，加强了实习的连续性、针对性、稳定性，改善了实习的效果。在培养方案中，有的学院实践学分占总学分的40%以上，增加专业选修课和公共选修课的范围，以及创新实践学分。专业的培养方案经过多次修订，体现出四个特点：①加强了核心专业课程的教学。根据信息与计算科学专业特色，重点加强学科基础课及专业课教学。充分利用理学院的数学建模实验室、数据库实验室等多个实验室开展一系列实践训练；②通过“校企合作”的模式，在大二、大三和大四阶段将校外一些具有丰富经验的培训机构请进学校，对学生讲授与就业密切相关的专业课，并开展专项培训和专业综合设计，培养了学生从项目构思、设计、实现的一体化模式；③改革课程设计。培养方案对课程设计提出了新的要求，要求真题实做，所有课题都必须依托实验室或实习基地来完成；④改革毕业设计。毕业设计课题要求真题实做，课题的指导由包括专业教师和企业工程师的双导师负责。对于在省级以上比赛获奖的课题、专业综合实践中完成的课题，可以在老师的指导下进行修改作为毕业设计，对于在三类期刊上发表过应用型专业论文的学生，通过对论文质量的鉴定，达到一定技术水平的学生，可以对论文进行补充完善，作为毕业设计。

应用型人才培养模式是学校在深刻理解应用型人才培养目标的基础上，为学生构建的知识、能力、素质的结构，以及实现这种结构的方式和途径，它集中体现了学校的教学思想并从根本上规定了人才特征。对应用型人才培养模式进行改革与创新是提升人才培养的关键。山东交通学院理学院校企合作办学专业信息与计算科学专业采用“3+1+N”人才培养模式，较充分地体现了应用型人才培养模式的理论教学和实践教学这两条主线有机结合。“3+1+N”人才培养模式是指学生在校内按照教学计划完成三年专业理论与专业实践并重的课程学习及工程训练，第四学年在“校外教学实践基地”集中进行以专业素养与实践技能为主、专业理论为辅的实践知识学习，同时在前3年期间包括暑期，开展N次短学期企业实践教学模块。“3+1+N”的核心是最后一年的安排，采取集中与分散相结合的方式安排学生从事相关专业的实践。学生实习单位可以自行联系，也可以由学校联系。学生在实习单位的工作岗位必须与专业紧密相关，学校与企业共同监管学习过程，实习成绩由校企双方采用灵活的方式共同考核。同时，安排部分学生参加校内横向课题的研究或者是科技竞赛。学生可以将企业课题和学校的横向课题作为毕业设计的内容。通过最后一年的实践，学生能将本专业的理论与实践相结合，从而提高设备应用、项目设计与开发的能力。

N次短学期实践采用"理论—实践—理论—实践"的教学方法，通过认识实习、生产实习、暑期短学期实习的模式，将学生分成小组进入企业进行实习。实习结束后回校学习，然后再送到企业回炉学习。通过这种理论和实践的交叉学习方法，不断提升理论应用于实践的能力，达到应用型人才培养目标。

应用型高校除了重视理论基础之外，更应该加强综合实验、实习实训、课程设计、毕业设计、社会实践和科技竞赛等实践课程的学习，开展全方位、全过程、全员参与的实践教学体系改革与创新。充分利用实验室条件，采取"层次化、模块化、相互衔接、整体统一"的模式，不断优化及开发实验项目，将基础实验、专业实验、综合性实验、设计性实验、创新性实验、工程应用性实验六者相互衔接。实践教学注重必修与选修结合、课内与课外相结合、校内与校外相结合、教学与竞赛相结合。

加强对综合性课程设计、毕业设计（论文）、实习实训等实践教学环节的质量监控，构建科学的模式创新、结构优化、内容充实、方法先进、协调发展的实验实训（实习）教学体系。

应用型人才的能力特征主要体现在以下几个方面：实践能力强、创新创业能力强、知识面广、素质全面。其中鼓励创新创业是国家近年来提出的促进经济发展的新举措，大学生是创新创业的生力军，如何培养地方应用型高校创新创业能力是亟待解决的课题。

应用型高校需要鼓励学生参加教师的纵向和横向课题研究，参加各级各类科技竞赛，从中培养学生的创新能力。在企业实习中充分发挥学生的主动性，创造条件把学生推向工程实践第一线，参与工程实践的方案论证、工程设计和试验。指导学生分工协作、共同攻关，使其在集体协作和严格历练中提高理论水平和创新能力。

合作办学是应用型高校必须走的一条道路。积极开展与企业及其他高校的合作,在交流合作中提高学生的创新能力。此外,有针对性地选拔教师和学生到其他高校进行交流学习,借鉴其他高校通过这些交流学习的方式提高了教师的教学和创新能力,也培养了学生的创新能力。

让学生走进企业,进入生产一线,切实开展与专业密切相关的生产实际是很多应用型高校采用的一种培养方式。但本科教学的时间安排很紧凑,在正常教学时间很难安排长时间的企业实践,这使得很多生产实践教学环节变成了参观的形式,有针对性的生产实践即使得到落实,可能也要到毕业前夕了。因此,开展暑期短学期实习很有必要。为促进学生理论与实践的结合,采用理论一实践一理论一实践的教学方法。通过这种理论和实践的交叉学习方法,不断提升理论应用于实践的能力,达到应用型人才培养目标。

第五节　应用型人才培养教学体系的构建

以能力培养为重心的教学体系构建在明确了应用型人才的质量规格之后,设计出切合实际、便于操作的培养方案就成为实现培养目标业务规格的关键,而构建逻辑性强、相对完整的培养体系则是人才培养方案设计工作的重中之重。传统高校人才的培养体系一般都按学科范畴设计,注重“宽厚的学科理论基础、宽广的专业口径”,往往偏重基础知识教学和艰深理论的传授,忽视应用能力的培养,对实践教学体系缺乏深入的思考和系统的构建,忽视学生综合素养的培养。应用型人才的规格特点要求我们必须围绕应用型人才知识、能力、素质和谐发展的目标要求,以能力培养为重心,构建相对独立、内在统一的人才培养体系。在整个体系构建过程中,需更新教育思想观念,充分认识高等教育多样化是实现高等教育大众化的前提,建立以社会适应性为核心的教育质量观和人才观。通过改革和探索,构建起能敏锐地反映社会需求,实基础、强能力、高素质、多样化的人才培养模式。不同的人才培养规格有着不同的培养体系，为区别于以“实、宽、深、交”为目标的研究型人才培养模式，突出应用型的人才特色，须打破传统的研究型人才培养的教学体系，确定理论与技能的深度和广度，整合教学内容，在教学过程中把传授知识、培养能力、提高素质既相对独立，又有机地结合起来，构建以能力培养为重心的高素质应用型人才培养体系:体现多层次、个性化的培养特征，构建和完善以提高基础理论和基础知识为目标的理论课程体系，以提高基本技能与专业技能为目标的实践课程体系，以提高综合能力和拓展专业外延为目标的素质拓展体系，构成人才培养的主体框架。

一、理论教学体系的构建

由于应用型人才在知识结构上具有“知识面较宽，基础较扎实，应用性较强”的特点，需要加强理论课程的整合，突出理论教学的应用性，构建出目标明确、逻辑性强的平台与模块化相结合的理论教学体系。在理论教学体系的构建过程中，要改革教学内容和课程体系，要注意基础、专业平台的构架，在课程结构上逐步形成“基础＋专业”的平台化架构、“专业主干课程＋跨专业任选课程”的模块化纵向化的培养体系，保证人才的基本规格和多样化、个性化发展，增强学生对社会的适应性。以地方经济的社会经济发展对人才的需求为导向，充实基本理论与基本技能在行业中的应用，有利于学生向建设者的转变。教学内容与课程体系改革是提高教学质量、实现人才培养目标的重要手段，要紧紧围绕“应用型人才”的培养目标，加强教学内容和课程体系的建设与改革。要对人才培养目标进行整体研究，为保证专业的主体规格，要打破传统按学科范畴设计课程的旧框架，有目标地增强主干理论课程的整合。在总体上设计出学生需要掌握的知识点和能力发展要求以后，按有所为有所不为的原则，对各种课程进行大胆的裁并、整合和内容的更新，设计、组织并开设全新的课程，构建出较为完整、系统的理论教学体系，同时为实践教学预留充足的学分学时。要以专业的主干课程为核心，将课程组合成若干个课程群，明确课程群在整个人才培养计划中的地位、作用及与其他课程群的关系，通过对群内课程内容的精选、重组和充实，使整个课程群的教学内容整体优化，促进教学质量的提高与专业特色的形成。如根据“基础实”要求，应用型人才必须具有研发能力，要夯实专业理论基础，增强学生发展后劲，须具备较为厚实的数学、物理、计算机、外语等基础理论知识和人文社科知识。可按类设置学科基础模块，构建共同的公共基础一级平台和技术基础二级平台。要充分考虑社会对人才的全方位的要求，拓展学生的知识面，提高学生的综合素养，广泛开设文化素质系列课程、职业技能系列课程供学生自由选择，允许跨专业的其他专业课作为公共选修课，让学生有更大的个性发展空间，为学生可持续发展奠定基础；同时结合专业特点，实行分层教学、分类教学。除了专业主干课程所规定的核心内容——必修课程外，增设若干以行业应用技术为背景的，与专业主干课程相衔接的下游技术的模块化专业课程，让学生能以行业需要为主线，将所学的知识串联起来，为综合技能的构建提供相对系统的理论知识和技术原理。

二、实践教学体系的构建

根据应用型人才多层次、多元化的能力特点，需要构建分类设计、分层施教、分步实施、独立设置的选修与必修相结合的实践教学体系。围绕着社会对人才的创新、创业精神和实践能力的要求，需要构建从课堂内系统的、综合性的实践技能训练，到课外的自助式开放实验、贯穿校内学习全过程的专业素质拓展训练和校外实习相结合的培养体系。围绕社会对专业人才实践能力的要求，整合实验内容，确定相应的基础实验（实践）技术系列、专业实验（实践）技术系列和模块实验（实践）技术系列等内容，减少验证性实验比重，增加设计性、综合性实验内容的比例。验证性实验保持与相关理论课的密切联系；独立开设的实验课程既体现技能的综合训练，体现设计性与综合能力的培养，又体现统一实验课的阶段要求；要突出各阶段的能力培养重点，形成验证性实验培养学生的实验基本操作能力，综合性实验培养学生的综合能力，设计性实验培养学生创新意识与能力的实验教学体系。为实施个性化培养，在实验课程性质的设定上，可将本专业必须掌握的技能点设定为必修实验（实践），对于技能延伸性实验（实践）或次技能点实验（实践），设为选做实验（实践），供学生自由选择，给学生以个性化发展的空间。以基础性与先进性、综合性相结合为原则，筛除部分传统课程体系内的验证性经典实验，更改、串联成综合性或设计性实验，使学生充分了解实验原理、方法，解答、处理实验中可能出现的问题，提高分析问题和解决问题的能力，强化学生的创新能力、技术开发能力培养。在实验教学的方式上，要注重因果式引导、成果型训练，有利于刺激学生的成就感，从而激发学生的专业学习兴趣与钻研的好奇心，这对自主学习习惯与研究氛围的养成有积极的作用。这种全方位、立体化的系统性、规范化的培养模式的创新和实践，可使所培养的人才符合社会对创新创业的人才的需要。

三、素质拓展体系的构建

应用型人才不是“狭窄于技术”的工匠，而应具有良好的综合素质。因而，在理论教学体系、实践教学体系之外，还要构建素质拓展体系。素质拓展的内涵不仅包括有利于提高学生专业技能、技术创新的专业素养的拓展，还应包括社会综合能力的扩充训练、精神气质的陶冶和身心品质的全面提升。应将规范化的素质拓展要求作为学生全面发展的手段，注重人文教育对学生健全人格塑造的作用，注重科学精神的启蒙对成人、成才、创新创业精神的涵育。因此，将素质拓展体系全面纳入人才培养方案，构建项目化管理、学分制认证、规范化运作的教育体系，是保证应用型人才培养的一个重要方面。素质拓展体系的内涵包括社会综合能力的训练和专业外延的训练，促进“第一课堂”和“第二课堂”的有机融合，推动学生课外学术科技活动与课内教学的结合，规范和加强课外教育管理工作。校内素质拓展训练可以通过形式多样的方式灵活开展，可以与科研工作相结合，并结合专业特点，推进大学生科研训练计划，鼓励学生较早参加科研和创新活动，以培养学生科学素养，提高学生的学习与研究积极性。

可以通过学生参与教师的科研项目构思、设计与实施，提高学生的知识运用能力和初步的科研能力；可以通过参与数学建模竞赛、电子设计竞赛、多媒体制作竞赛、英语竞赛等综合性竞赛，通过各类专业证书教育、各类专项培训，提高学生的专业应用能力和技术开发能力，使学生在学术科技活动的实践中提高素质、获得技能；可以与学生社团工作相结合，通过组织学生参加各类科技、文化活动，提高学生的社会交往能力、团结协作精神等等。素质拓展体系不同于一般意义上的第二课堂活动，它带有一定的必修、强制意义。素质拓展以学分形式列入教学计划，学生只有取得相应的专业素养拓展学分、综合素养拓展学分才能顺利毕业：素质拓展只有达到相应学分要求，才有评奖评优、深造、就业的资格；学生以项目形式申请素质拓展内容（也可由学校教师提出题目，由学生设计实施），经管理机构审核批准，确定项目学分，学生按设计达到训练要求时，则可取得相应学分。

总之，以能力培养为重心的三大教学体系的整体构建，是培养知识、能力、素质和谐发展的高素质应用型本科人才的内在要求，也是适应我国经济结构升级调整的客观需要。普通本科院校培养应用型人才，是时代赋予的任务，从目前高等教育培养方式的总体情况来看，迫切需要不同层次的高等学校结合自身的特点和优势，真正做到因材施教和鼓励学生个性发展，实现培养规格与培养方式的多样化。

第六章　工商管理专业应用型人才培养的保障

第六章　工商管理专业应用型人才培养的保障高素质的应用型人才培养离不开必要的保障条件，本章将从师资队伍、实验仪器设备、装备、实践教学基地、图书资料、网络资源和学校的管理规章制度等方面来进行阐述。

第一节　应用型人才培养保障的含义、原则与意义

一、应用型人才培养保障的含义

保障条件在教育理论界并没有一个严格、明确、统一的定义。一般认为，人才培养的保障条件是根据高等学校教学活动或人才培养模式的要求，为人才培养所提供的一切条件及其相应的管理水平和方式。地方高校应用型人才培养保障一般可包含两部分，一是“硬件”保障，指时间、财力、物力、人力等硬性投入以确保教育教学工作的正常运转；二是“软件”保障，指教学组织、机构设置、管理方式、规章制度等教育教学运行机制以确保教育教学工作优化运转。具体地讲，一所高校的教育教学保障条件应该是高校内部的教育教学文件、各类管理规章制度、教材、教学仪器设备、教学场地、设施、图书资料、网络资源、师资队伍、教学经费投入等内容

的总和。

很多地方本科高校建校时间不长，基础大多比较薄弱，保障条件建设主要应该从师资队伍、实验仪器设备、装备、实践教学基地、图书资料、网络资源等硬件保障和学校的管理规章制度等方面来进行。

二、应用型人才培养保障的原则

以培养应用型人才为主要对象的地方本科高校大多基础薄弱，又依托地方经济而发展。因此，应用型人才培养的保障体系的构建应遵循以下原则。

（一）突出重点原则

地方本科高校的各方面都需发展。必须保证人才培养必要条件的首先满足。师资队伍、实验设备、图书资料和必要的校舍设施等是起码的保障条件，一定要重点予以满足。在基本条件创造以后，再行考虑优化。

（二）优先发展原则

地方本科高校重点培养应用型人才，保障条件应该优先在“双师型”师资、实践教学基地、教学实验室、专业实训中心和应用型图书资料等给予满足。同时，在学校考虑发展规划时，始终要贯彻优先发展的理念。

（三）“软硬”兼施原则

这里的“软硬”是指软件和硬件。地方本科高校在培养应用型人才的硬件条件得到基本满足后，要把重点转向“软件”建设上来。“软件”主要是指教学管理制度建设。精英教育时期的教学管理制度整齐划一，刚性强，缺乏弹性、灵活性，缺乏人性化和个性化。在大众化教育阶段就显得不适应，不利于应用型人才的培养和人才的脱颖而出。应用型人才培养应有相应的管理制度相配套。“软硬”兼施原则的实施将使地方本科高校应用型人才的培养得以健康发展。

（四）节俭办事原则

地方本科高校以超常的速度在发展，各方面都需要投资。所有师生员工必须以大局为重，牢固树立艰苦奋斗的思想，把钱花在刀口上。应用型人才培养条件保障首先以满足够用为原则，在条件逐渐好转后，再考虑优化发展。

地方本科高校应用型人才培养保障体系是一个系统工程，其保障要求的全面性、综合性和培养应用型人才的高标准，都要求我们根据系统科学原理，统筹策划、科学运作，充分调动全校师生员工，特别是相关教学管理职能部门的主动性和积极性，不断挖潜、不断创新，把人才培养保障工作做好。

三、应用型人才培养保障措施实施的意义

（一）培养应用型工商管理专业人才成为以本科教育为主的大学的发展趋势和必然选择

随着中国市场经济体制改革的不断深化和经济的快速发展，中国的产业经济结构发生了很大变革，对人才类型的需求也有了很大的变化。为了适应这种变化的需求；中国的高等教育事业正向多层次、多方向发展，高等教育正日益由精英化向大众化转变。培养应用型人才成为以本科教育为主的大学的发展趋势和必然选择，应用型工商管理专业人才培养问题正越来越多地受到广大地方高校的关注和重视。培养高级应用型人才以更好地服务于地方经济成为越来越多地方高校的必然选择。

（二）培养应用型工商管理专业人才是解决当前就业困难的重要途径之一

近几年，随着高校大学生毕业人数的急剧增加，大学生就业难的问题日益突出；引起高校对“精英教育”培养模式的反思。大量“精英教育”模式培养出来的人才在社会实际工作中，往往表现出缺少实践应用知识和创新能力、理论与实践相脱节的现象。社会各行业急需一大批具有管理创新意识和能力，基础理论、实践动手能力强，并且能够直接参与生产、管理，解决企业实际问题的高素质应用型工商管理专业人才。因此，培养应

用型工商管理专业人才是解决当前就业困难的重要途径之一。

第二节　应用型人才培养的物质保障

应用型人才培养必须要求配套完备的物质条件作保障。从某种角度讲，在应用型人才培养过程中，所依托的实践教学硬件条件应比学术型人才培养有更高、更具体的要求。例如教学实验室、专业实训中心、社会实践基地和信息网络建设等。

一、应用型人才培养的教学实验室建设

作为以高素质应用型人才培养为主要目标的教学型地方本科高校，必须高度重视实践教学体系的构建和教学实验室建设，积极探索与高素质应用型人才培养目标相适应的实验室建设与管理模式。

（一）实验室建设与管理在应用型人才培养过程中的重要性

地方本科高校实验室是进行实验教学、开展科学研究、推动科技发展的重要基地，实验室工作是学校教学科研工作的重要组成部分，实验室建设与管理水平直接关系到人才培养特别是应用型人才培养的质量问题。应用型人才在掌握了足够的基础理论后，主要是培养他们的创新能力和实践动手能力。实验教学正是实现这一目标的主要途径。因此，必须高度重视实验室工作，加强实验室建设，完成实验教学任务，不断提高实验教学质量。实验教学是培养学生创新精神和实践能力的重要环节和主要手段，在应用型人才培养过程中具有十分重要的作用，而实验室的建设和管理又是实验教学的重要保障。高等学校的办学水平主要取决于学校的教学水平和科研成果，高水平的科研成果必然少不了实验设备和实验研究的支撑。从教学方面来看，教育部制定的普通高校本科教学工作水平评估指标体系中涉及实验室建设、管理和实验教学的二级指标和主要观测点较多，参考权重也较大。这说明了实验室建设、管理和实验教学的重要性。

(二)实验室建设与管理的现状

随着近几年高等学校办学规模的不断扩大，招生人数迅速增加，实验室原有的建设与管理已经不能很好地适应学校的建设与发展，其目前所存在的主要问题主要有三个方面：实验室的硬件方面，主要指实验室的面积和数量相对紧张，实验室仪器设备不足；实验室的软件，主要指实验技术队伍的建设和管理不够合理；实验室的管理制度和管理方法不够完善。

由于上述不足，会使实验室在建设发展中受到一定的影响，进而影响到实验教学和科研水平的提高，因此也就不利于提高学生的综合素质和创新能力。地方本科高校实验室是一个理论联系实际的平台，是锻炼学生实践能力的重要方式和手段。为了更好、更快地建设实验室、发展实验室，不断完善和提高实验室整体水平，更好地促进实验教学和科研水平的提高，我们要针对存在的主要问题进行不断的探索和研究。

(三)实验建设的原则

实验教学质量的高低很大程度上取决于实验室建设的水平。为了培养具有高质量、高素质、高应用能力和具有创新精神的人才，实验与实践性教学内容、教学方法、教学体系以及实验室建设显得尤为重要。实验教学与理论教学是平行而又相互协调、相辅相成的，具有同等的重要地位，是培养学生分析问题和解决问题能力的基础。

1. 实验室建设要与学科专业建设有机结合

要将实验室建设与学科专业建设有机地结合起来，以学科建设带动实验室的发展，齐头并进。实验室建设是高校教学工作中一项重要的基本建设，是影响实验教学质量的重要因素。实验室建设与学科专业建设的有机结合是地方本科高校始终不渝的目标，我们探索和追求的是专业提升基础，基础促进专业，注重基础实验教学，促进专业实验教学水平的提高是实验室建设的指导思想。

2. 实验室建设应具有综合性

实验室建设不是孤立存在的，它是地方本科高校整体教学工作的重要组成部分，要从专业建设、科技发展和社会需求的角度，长远规划，统筹安排,合理投资。实验室建设应具备合理性,不能重复建设,避免浪费国家资金;尽可能在相当一段时间内保持稳定及满足不同层次和相关学科专业的教学实验,如:基础实验、公共课实验、专业课实验、专业的课程设计等等。实验教学质量和实验条件是实践能力培养的关键。专业实验教学应该综合现代科技发展的新知识、新技术和新实验教学方法,选择应用性强的实验来激发学生的求知欲,培养学生综合把握和运用科学技能的能力。为培养应用型人才打下坚实的能力基础。

3. 实验室建设应具有先进性

应用技术发展日新月异,应用型人才的培养也必须与时俱进。实验室建设规划要瞄准当前科技的新趋势,要追踪科技前沿,要适度超前,要服从教学改革发展的方向,要对实验教学内容和实验教学方法进行改革,实验室要全面开放,做到资源共享。

实验室建设要具有相对稳定的规划,整个实验室建设投入使用要具有一定先进性、系统性、前瞻性,应从教学发展趋势、课程设置、社会效益等多个方面全方位考虑。

(四)加强实验室建设与管理的措施

1. 加大投资力度,搞好硬件建设

重视实验仪器设备投入。实验仪器设备对于培养学生的创新能力、提高学生的综合素质、增强学生的实践能力起着至关重要的作用。在科学技术飞速发展的今天,现有的实验仪器设备越来越不能适应新的教学模式的需要,部分仪器设备将被淘汰,急需更新。各地方本科高校要根据教育部本科教学工作水平评估的要求,本着该淘汰的就淘汰,该更新的就更新,对实验室仪器设备进行大量的投入,使高校实验室始终保持一定的先进水平。

扩大实验室面积。由于实验仪器设备需要更新、添置,原有的实验室面积也需扩大,而且随着地方本科高校的扩招,学生人数的增多,实验室的数量越来越不能满足实际要求,给教学安排带来很大的麻烦,为了解决这一问题,必须增建实验室,解决实验室面积紧张的问题,保障实验教学

的正常进行和实验室日常工作的顺利开展。

2. 重视实验技术队伍的建设与管理

建立一支高素质的实验技术队伍，是促进实验室稳定发展的关键。实验技术队伍建设是实验室建设的重要组成部分，也是实验室发展的关键。因此，要更新观念，引入竞争激励机制，加大实验技术队伍的建设力度，提高实验技术队伍的地位，合理调整现有人员的岗位，引进关键和紧缺岗位人才，坚持以人为本，建立一支综合素质好、技术水平高的实验技术队伍，才能保证实验室长期稳定、快速、健康地发展。

3. 进一步改进、完善实验室的管理制度和管理方法

实验室改革与建设是一项系统工程，如何构建与当今教育发展相适应的新的实验室管理体系，培养出复合型、高素质、创新能力强的人才，是我们当前的一项重要而紧迫的任务。

因此，我们要不断加强制度建设，规范实验室管理，实验室的建设和管理要实现科学化和规范化。实验室管理是管理创新过程，是一项系统工程，如何管、怎么管这个问题各地方本科高校都有自己的经验和方法，关键是在管理中如何去切实可行地执行、落实，怎样评价执行的过程和结果。建立实验室开放制度，这对于大学生科研课题、本科生毕业(论文)以及学生课外实验小组的顺利进行提供了必要的保障，有利于学生创新能力的培养和综合素质的提高。总之，实验室的建设与管理体制改革是一项长期的系统工程，随着教育体制、科技体制和管理体制的深化改革，如何构建和迅速发展与教育相适应的实验室管理体系，使实验室能更好地为高等教育服务，培养出优秀的、合格的人才，是从事实验室管理工作者不断探索的问题。

应用型人才培养的实验室建设与管理是一项长期的、系统的工程，需要大量的人力、物力和财力的投入，也需要全体教师、实验技术人员、管理人员和学生的共同参与，更需要学校领导的关心和重视。应该从有利于提高教学质量和科研水平的角度，从有利于学校改革和发展的角度，从有利于为国家培养人才的角度来进行全面的分析和研究。

二、应用型人才培养的实践教学基地建设

(一)实践教学基地建设的思路

建设一批条件优良、相对稳定的实践教学基地是确保应用型人才培养各专业实践教学环节顺利实施的重要前提。实践基地包括校内与校外,二者相互补充,不能互相替代。要想方设法谋划实践教学基地建设的新思想,要积极拓展学生校外实践渠道。目前,由于诸多原因,许多地方本科高校所建立的校外实习基地仍以关系情感型居多,还没有真正建立起产学研相结合的稳定的实习基地建设的长效机制。要在巩固已有的各类实习基地建设成果的基础上,不断扩大和发展新的实习基地,积极拓展校企之间、学校与科研单位之间的合作,充分依托行业和地方,走产学研相结合的路子,真正建立起利益相关的紧密型校外实习基地。要充分利用和整合校内实践教学资源,建设好一批校内实习实训基地,提高实习基地建设的质量。实习基地建设不仅仅是要求有一个空间能够接纳学生,同时还要有相应的能够满足实习教学要求的各种条件。要进一步强化学生实习的组织工作,加强实习保障机制建设,确保做到实习制度、实习时间、实习场地、实习经费、实习指导老师五落实。

实践教学基地建设是推进应用型本科高校实践教学改革的基础工程和基本保障,应将实践基地建设作为重要的基础设施建设来抓,通过理顺体制、加大投入、加强管理,使实践基地在应用型人才培养中发挥重要的作用。高校在加强专业建设过程中,要同时将该专业相关的实验室建设和实习基地建设等作为重要的专业建设内容,落实建设经费,制订切实可行的建设计划和师资培养、引进计划。实验室建设也要统筹规划,优化配置,要按功能设置实验室,同一个实验室能承担不同专业、不同课程的实验教学任务,增强学科专业的适应性,提高使用效益。要加大校内实践教学任务,增强学科专业的适应性,提高使用效益。要加大校内实践教学基地建设力度,建设一批直接服务于学生创新实践能力培养,集实践教学、科学研究及技术推广示范为一体的产学研创新实践基地。

校外实习基地是应用型人才培养实践教学的主战场，高校应通过多种渠道建立足够数量的实习基地，以满足应用型人才培养的需要。在校外实习基地建设和运行的过程中，一方面要吸引和聘请基地单位的专家、工程技术人员和管理干部一起参与实践教学环节的管理和指导，增强实习教学的指导和管理力度；另一方面，实习师生要充分发挥学科专业优势，积极帮助基地单位开展职工技术培训、科技开发和科研等工作，使实习基地同时成为科技开发和人才培训基地，从而在共同合作、互惠互利的基础上，不断拓展校外实习基地建设新路子。

（二）教学实践基地的建设原则

地方高校在建立校外实践教学基地过程中应坚持如下原则。

1. 专业性原则

建立基地应与专业对口，能够实现应用型专业人才培养目标的要求。

2. 实践性原则

建设基地应突出学生实践能力的培养，实习基地应重视学生的实习工作，并有能力安排好实习工作。

3. 先进性原则

建设基地应是在相关专业的实践领域内，具有先进性和代表性的单位。

4. 稳定性原则

所建的实习基地应具有稳定性，长期与之合作为学生提供长期实践的机会，也是高校联系社会、服务社会的窗口。

5. 发展性原则

所建的实习基地应有较好的发展前景，能够满足教学改革不断发展的实习实践的要求。

6. 校内外相结合原则

校内实训与校外实习，二者有序结合，相互补充。

（三）教学实践基地建设应具备的基本条件

校外实践基地所在单位必须热心国家的教育事业，坚持党的教育方针，有较强的领导力量、较高的专业技术水平和较丰富的教学实践管理经验，有指导和接受学生进行教育实习或专业实习的能力，能妥善安排师生生活与学习，同时还应有适合开展实践教学的科研和生产项目及适度的生产经营规模，具有先进的生产手段、技术装备和科学的经营管理方式，以及一支素质较高的技术人员和职工队伍。单位领导有远见，重视企业革新，尊重知识，尊重人才，重视教育，渴望得到学校和专家的技术指导，交通便利等。

校外实践基地的建设要结合学科、专业和实验室建设，要做好建设规划，要规范管理、保证质量、提高水平。

首先，高校要拟定教学实践基地发展规划和年度建设计划；其次，根据教学实际需要，充分发挥教师、校友、学生等多种人力资源的积极作用，广泛、深入地对专业领域的企事业单位进行调查，在调查的基础上进行比较分析，提出建立教学实践基地的申请，由学校与拟建教学实践基地单位洽谈合作协议，签订协议书、挂牌。

在建立新基地上，甲乙双方要体现平等协商、相互协作、互惠互利的原则，以为应用型人才培养作出贡献为目的，确定双方具体合作事宜。作为甲方的高校应重视学生的思想政治、道德品质、专业技术教育，要求实践学生服从管理、虚心好学、尊敬师长、严格遵守实践基地的规章制度，并付给乙方实践指导费用。同时还可以聘请乙方学有专长、有教学、实践指导能力的领导、专家担任兼职教师，并发给聘书。对承担了教学任务的，按教师标准付给相应的酬金。为实践基地提供文献查阅、接受有关学术的咨询、协作共同完成有关技术改革和科研项目的研究、代培实践基地有关专业的技术人员、为基地提供优秀毕业生等。企事业单位把配合甲方培养人才，搞好专业实践工作作为应尽的职责，列入本单位议事日程，负责安排专业实践的各项事宜，并选派政治思想好、经验丰富、有较强业务水平的人员担任专业实践的指导工作，做好对实习生的指导、讲授、考核、成绩评定和鉴定工作。专业实践基地每年要接受学校学生进行专业实习，并指导学生进行专业所需的各方面能力锻炼和提供锻炼实习的机会，提供专业实践期间所需的工作场所等条件，并主动反馈实践学生的政治思想、业务水平和工作表现情况，有针对性地提出改进甲方教育教学工作的意见和建议。

(四)教学实践基地的运行与管理

校外基地非学校所属，在管理形式上与校内实习基地不同，关键是要本着互惠互利的原则，建立学校与企业固定的联系制度，使企业与学校始终保持良好的多方面的合作关系。在实践教学安排上与企业沟通，将教学活动与企业生产有机地协调，从而使实践项目、实践岗位和企业指导教师落实到位。

高效运作校外教学实践基地是学生得到更多的实践机会和提高能力的保证。

1.校外基地建设要规范

建立校外学习基地，要实行挂牌制度，签订合作协议书，建立良好的关系，以保证实习环节的稳定性和可靠性。对基地建立的可行性报告、基地建立协议书和基地挂牌记录档案材料进行存档管理。

2.领导重视是关键

实行一把手工程，一把手要亲自抓实习基地的建设工作，加强领导，切实发挥实习基地的功能。

3.协议内涵是保证

建立校外实践教学基地需要签署合作协议，协议内容要务实，如高校聘请基地单位业务突出的专业人才为学校兼职教师、为基地培养人才、提供文献查询等。

4.建立信息反馈制度

以征求意见、问卷和调研等形式，收集实习企业、基地指导教师对实践教学的评价及意见，并认真分析，对后续实践教学提出改进建议。

5.多元合作，资源共享

高校具有人才培养、科技咨询与开发、文化建设等优势，校外基地具有专业技能人才、实践场所、设备先进等优势，充分利用双方优势开展学生专业实践、毕业设计、项目合作、人才交流等，实现资源共享，互惠互利。

6. 设立专项经费

实践基地既解决教学实践问题，拓展毕业生就业渠道，也提高学校的社会知名度。在加大新基地建设的同时，还需对已建基地进行建设；另外高校要经常与校外实践基地进行交流与合作，以及保障实践教学的条件，这些都需要经费，因此应设立专项经费支持。

7. 保持基地相对稳定性

基地不应随意变更，学校要与基地单位保持经常性联系，主动与实习基地单位交流经验、听取意见、改进工作，使之成为稳定的教育资源。在这里要充分发挥自身具有的校友优势、师生优势、调动各方面在基地建设中的积极性。

8. 要保持经常的联系

加大实践教学的力度，学生实践的时间要延长。可半年进行专业见习，半年进行专业实习，同时进行人员培训、项目合作、这是保持基地稳定性的有效途径。

9. 政府要支持地方本科高校校外实践基地的建设

地方本科高校的校外实践基地在政府的政策支持下建立在相应的对口企事业单位中，企事业单位的工程师和指导教师也就是实践教学的教师，学校的教师也要定期到企事业单位去进修提高，形成了一种制度化、常规化的机制。政府对成为高校校外实践基地的企事业单位给予一些政策上的倾斜，或者成为一种强制性措施，要求一些技术先进的大型企事业单位给予支持与合作，这样对于地方本科高校校外实践基地的建设将起到非常重要的作用，也有利于提高企事业单位技术水平。政府可把企事业单位能否成为高校的实践基地作为对企事业单位考核的一项内容，这将十分有利于地方本科高校实践基地建设。

第三节　应用型人才培养的图书信息保障

高等学校图书馆和信息网络系统作为高等学校一个重要的组成部

分，在提高大学生基本技能和学习质量，完善知识结构、培养学生学会学习、善于学习、终身学习，以及创新意识和创新能力方面有着特殊而深远的作用。如何在地方本科高校中更好地发挥图书馆和信息资源的作用，一直是地方本科高校教学中一个重要的课题，而各类高校的图书馆也一直致力于寻求更好的管理和服务，使自身的特点和作用能够得以充分发挥，成为地方本科高校人才培养工作中必不可少的一部分。

一、应用型人才培养的图书馆建设

以培养应用型人才为主要培养对象的地方本科高校，必须根据自身的特点，加强图书馆建设，为培养符合市场需要的人才，探索图书馆办馆的新路子。

(一)图书馆的性质、职能和特点

地方本科高校图书馆是服务于学生和教师的图书馆，它是学校的文献资料信息中心，是为教学和科学研究服务的学术机构，是教学和科学研究工作的重要组成部分。

地方本科高校图书馆的水平是其所在学校的总体水平的重要标志。高等学校要培养高质量的、适应现代要求的全面发展人才，必须有高质量的文献信息资源和文献信息工作的保证。学校图书馆主要履行的职能就是教育职能和信息服务职能。

图书馆作为高校教学的一个辅助部门，受到学校教育、教学工作的制约，图书馆服务的主要对象是教师和学生。他们对图书馆的需求由教学工作的特点所决定。地方本科高校的专业设置、教学计划和课程体系都有一定的稳定性，地方本科高校的教师和学生组成了高等学校图书馆稳定的读者群体。每一所高等院校都有自己的专业设置和学科发展方向，每个专业的教师和学生为了满足教学和学习的需要，都会对图书馆产生强烈的专业需要。

图书馆要适应为培养应用型人才需要而做适时的调整，在图书的采购、期刊的订阅、文献资料的储备、服务管理的制度等方面为教师和学生提供服务支持。

(二)图书馆在地方高校教学中的重要意义

地方本科高校图书馆作为高校教学的辅助部门,其自身工作始终应该围绕育人这个核心,把整个服务过程当作育人的第二课堂,最大限度地满足读者获取信息资源需求,为学校的教学提供保障。图书馆应当使自己真正成为学生摄取知识的海洋,使学生可以从中汲取到他们在课堂上学不到的东西,查索到他们在课堂上获得不到的信息。与课堂上的学习比较,大学生在图书馆的学习更具有自觉性、自主性和可选择性,而大学图书馆的文献信息资源具有系统性、连续性和完整性,可以扩大学生的知识面、开阔学生视野,陶冶思想情操,消除学习、生活中的疑团。图书馆的学习可以使学生学会自我学习,培养他们的求知欲,让他们养成终身学习的习惯,更有利于学生全面提高自身的综合素质,为社会培养出符合现代化要求、适应社会发展需要的高质量的专门应用型人才。

(三)图书馆建设应为应用型人才培养服务

1.设立学科馆员

学科馆员是指高等学校图书馆中拥有某一学科专业领域知识,专门负责与该学科专业进行对口联系,并主动为其提供有针对性的信息服务的馆员。设立学科馆员能为图书馆和对口院系架起一座桥梁。特别在应用类各专业方面,学科馆员应不断学习新知识,更新知识,满足培养应用型人才的需要。

2.图书馆直接与教学相结合

图书馆应当改变过去的“等客上门”式服务,主动与教学部门相联系,深入各个院系、部、所中,直接参与到它们的教学活动中去。了解应用型人才培养过程需要图书馆提供的图书、资料、信息等服务。各教学部门也应当在制定应用型人才培养方案和教学计划时主动邀请图书馆的有关人员参加,以便图书馆进行相应的馆藏建设,制定相应的服务方案。

3.采购计划要有针对性

地方高校图书馆在进行馆藏建设时,要有计划、有重点地对学校应用类各专业的图书资料进行采购,采购的图书资料应有时代性和先进性,并将这些图书资料信息及时通报给广大师生。

4. 合理、人性化地布置馆藏,方便读者查询

地方本科高校图书馆应当根据学校的自身特点,合理地布置馆藏,打破社会图书馆书、刊、报、工具书分别存放的方法,将同一学科专业或相近学科专业的书、刊、报、工具书一起存放,这样读者就可以在同一室内更方便、快捷地查到自己所需要的资料。同时可把应用类各专业的馆藏信息和馆藏地址明确地告诉读者。

5. 加强图书馆的人文环境建设

一个良好的学习环境,可以使学生更好地享受学习的乐趣,更加热爱学习。图书馆所创造出的良好的人文环境可以为读者营造一个优良的学习气氛。地方本科高校图书馆应以它独有的安宁、神圣、亲和的人文环境,为大学生创造一个浓厚的读书氛围,从而使其产生读书的欲望。因此,地方本科高校图书馆应大力加强对图书馆馆员的人文精神教育,在制度上大力弘扬人文精神,并在日常服务中体现出来。

(四)充分发挥图书馆信息资源的作用,推动地方高校的教学改革

地方本科高校图书馆的信息资源是学校教学资源的重要组成部分,只有优化配置信息资源,充分发挥优质信息资源的作用,才能有效促进学校教学和科研的稳步发展,使图书馆成为学校宝贵的资源和财富,成为推动学校教学改革和发展的重要力量。教学改革包括加强专业建设,提高教学质量;创新人才培养模式,加快应用型人才培养步伐;提高科技创新能力,实现科技成果产业化;大力实施人才发展战略,努力培养和吸引优秀人才;主动为当地经济建设和社会发展服务;扩大高校的对外开放,积极稳妥地开展对外合作办学等等。这些改革的实施均离不开图书馆的信息资源,又离不开图书馆的全方位系列化服务。

图书馆是终身教育的最佳场所,要真正发挥图书馆在信息资源、管理、传播和开发的人才优势、资源优势和技术优势,真正成为地方本科高

校人才培养特别是应用型人才培养的一支主要力量。网络化为高校图书馆提供了利用资源不受时空限制的有利条件，多元化的信息为提供全方位的服务准备了条件。高校图书馆要顺应社会发展、技术进步的历史趋势，适应素质教育、创新教育和应用型人才培养的客观需要，就要实现管理现代化、开放化；服务主动化、特色化、高质量、高效益，以全方位优质服务保证教学改革稳步发展。

二、应用型人才培养的网络资源建设

在深化教育教学改革中，地方本科高校利用数字化教学、管理手段进一步提高教学质量和管理水平，最大程度上为教师和学生提供更为广阔的教学、科研和管理空间，以通过教育信息化推动教育现代化，校园网坚持高起点规划、高水平建设和管理，不断加强网络信息的整合与利用，丰富网络应用与服务，着力构建数字校园，主动服务于管理和教学，使校园网在应用型人才培养工作中发挥重要作用。

（一）网络资源建设概述

我们所说的校园网是指在校园范围内，将计算机以相互共享资源（硬件、软件和数据）的方式连接起来，同时具有进行教学、管理和信息服务等功能的计算机系统的集合。而学校教育是以管理者、教师和学生为主体，以传授知识、教书育人、学生成才为目的的综合活动过程所以从信息和资源管理理论上看，它是一个通过教学环境、利用信息资源完成三者之间信息流的传递转换的过程。校园网作为在学校教育中应用的局域网，其应用系统的建设就是以满足学校教学与管理工作的需要为目的。因此，校园网在学校教育教学过程中的功能主要体现在四个方面，即学校管理服务、学校教学服务、信息资源服务以及信息交流服务。校园网的应用系统建设对应着学校管理信息系统、学校教学服务系统、信息资源集成系统以及校园网信息交流发布系统。

校园网络的建成将使得学生教学管理、课程管理、实验室管理、学生成绩与学籍管理、图书资料管理等事务变得准确高效。

(二)校园网的设计原则

校园网的建设是在遵循适用性、扩展性、规范性、合理性和循序渐进性等原则的前提下,根据学校实际情况研究和制定出校园网所需硬件的配置档次和校园网的组网方案,然后采取竞争招标选用大的专业公司和学校决策者及相关技术人员一起再次讨论与修改组网方案后建成的。

其中,以用户需求相适应为设计的根本原则。同时,也注重源于需求又高于需求的原则,注意用专业化的技术思想进行校园网的规划与设计,确保校园网的实用性、先进性和便于扩展性。突破单纯应用计算机网络技术建设校园网的局限性设计思路,从用户效益最大化的角度出发,综合应用计算机网络技术、信息通信技术、视频传输与控制技术。设备选择将品质与成本实现最佳匹配,才是一个最优秀的方案。全面针对学校用户的实际需求设计构建全方位满足各类校园教育技术环境建设需求的数字化校园网。

(三)校园网具备的功能

计算机网络对教学过程的支持是多方面的,如何依托校园网更有效发挥学校丰富教学资源的作用。目前可考虑如下应用模块。

1.教学系统模块

教师教学工作支持。用以提高教师的工作效率与效果,如利用计算机作教材分析、教案编写与管理、电子讲稿制作、学生作业评阅等;这部分工作教师能在校内使用校园网资源完成或通过远程访问系统访问校园网资源在家里完成。

一是多媒体课堂教学。在普通教室中通过联网计算机调用电子讲稿,利用多媒体创设启发性学习情景,支持学生主导的知识建构;这部分可通过安装有计算机的教室、多功能厅和网络多媒体教室完成。

二是个别化教学。对学生提供个别辅导、练习和补习等;对学生提供扩展的或加深的学习材料;计算机化测试,包括计算机给题、组卷、判别、评分与分析。

三是学生自主学习。利用计算机支持各类以学生为中心的学习活动，特别是为培养应用型人才所需的各种专业学习活动如案例研习、问题求解、认知学习、合作学习等。这部分学生可以在校园网内电子阅览室、教室或通过校园网远程访问在宿舍进行学习活动。

四是多媒体课件开发。教师利用课件写作工具制作各学科多媒体教材；这部分可在教研室或课件制作中心，利用网络提供的丰富素材进行创制。

五是计算机教育。让学生学习计算机文化和掌握信息技能；这部分学生可通过校园网 Internet 代理服务器进行。

2. 教学管理模块

教学质量管理与决策支持。进行各项教学指标的连续化动态测评和提供决策支持。

教务管理。包括学籍管理、课程管理、课表生成、成绩管理等。

3. 信息资源模块

信息资源应作为学校系统的重要组成部分，计算机网络化资源管理可以大大提高信息资源利用率，实现资源共享，从而具有经济意义。

（四）充分发挥网络教与学的作用，培养和提高应用型人才的多元化学习能力

网络教学是多元化背景下信息技术与高校课程教学的有机结合，最终的落脚点是培养与增强应用型人才的多元化学习能力。

信息能力的培养。地方本科高校肩负着培养应用型专业人才的重任。信息时代，大学生在具有良好的专业素养的同时，还要具备处理信息的能力，才能适应信息社会的竞争。为此，应主要从获取信息的能力、分析信息的能力、加工信息的能力和利用信息的能力等方面来培养大学生的信息能力。

自主学习和协作学习能力的培养。当代社会不仅要求学生通过自主学习不断拓展知识和技能，而且要求学生具有基于团队的协作学习能力。网络环境下的自主、协作学习已成为教学中重要的学习方式。因此，应结合现代信息技术进行学科的教学改革试验，在教学实践中有意识地培养

学生的自主学习和协作学习能力。

在教学过程中有意识地培养大学生的创新精神、事业心和追求事业成功的进取精神以及实践能力，是加强大学生文化素质教育的重要方面。各高校积极利用信息技术的优越性，结合参加“挑战杯”竞赛、勤工助学、担任学生助教等具体实践，进行多媒体教学软件的设计，培养学生的创新精神与实践能力，取得了丰硕的成果。

创新能力的培养。从培养实践能力开始，结合应用型专业的特点，提供教学实践、科研实践或社会实践证明等机会和途径，尽量营造有利于发展应用型人才创新能力的良好环境。在传授专业知识的同时，鼓励学生将所学的知识应用于实践或转化为专业教学成果等。

参考文献

[1]边明伟.工商企业经营管理案例教程[M].成都:西南交通大学出版社,2018.

[2]蔡明山.地方高校应用型人才培养的研究与实践[M].上海:复旦大学出版社,2020.

[3]陈凤臻.地方本科院校应用型人才培养模式改革实证研究[M].赤峰:内蒙古科学技术出版社,2019.

[4]陈晶莹.本科应用型人才培养的路径、方法与实践[M].上海:上海财经大学出版社,2015.

[5]陈胜军.高校工商管理专业应用型人才的培养路径探析[J].品牌研究,2021(18):74-77.

[6]侯娟.工商管理应用型人才培养模式的创设与思考[J].才智,2017(9):33.

[7]李盛艳.工商管理专业与应用型人才培养[M].哈尔滨:哈尔滨出版社,2023.

[8]李毅.工商管理学科创新人才培养的教与学[M].北京:经济管理出版社,2019.

[9]刘世平.基于就业导向的地方高校工商管理应用型人才培养探索[J].商业2.0(经济管理),2021(5):183.

[10]刘曙霞.地方应用型本科高校工商管理学科“U-G-E”协同育人的模式与运行机制研究[M].北京:中国经济出版社,2019.

[11]鲁先发.应用型人才培养的探索与实践[M].世界图书出版广东有限公司,2015.

[12]孙玉倩.工商管理应用型人才培养模式新构建[J].品牌研究,2022(16):215-218.

[13]谭思师.地方本科师范院校应用型人才培养学生工作研究与实践[M].成都:西南交通大学出版社,2021.
[14]王任祥,傅海威,邵万清.应用型人才培养教学改革案例[M].杭州:浙江工商大学出版社,2019.
[15]吴加广.基于产学研合作的工商管理专业应用型人才培养模式研究与实践[J].教育现代化,2021(26):58—61.
[16]吴相.互联网教育背景下工商管理专业应用型人才培养的机遇与挑战[J].经济研究导刊,2020(4):124—125.
[17]吴珍梅.我国工商管理专业应用型人才培养的问题及对策研究[J].新教育时代电子杂志,2019(39):196—197.
[18]谢鸿憬,周志永,李嘉龙.大学生创业管理(工商管理普通高等学校应用型教材)[M].北京:中国人民大学出版社,2021.
[19]熊国保,赵玉,何小芊.基于应用型人才培养的工商管理类专业教学改革与实践研究[M].北京:经济科学出版社,2015.
[20]闫伟伟.工商管理应用型人才的培养分析[J].名城绘,2019(11):12.
[21]叶时平.高级应用型人才培养的探索与实践[M].杭州:浙江工商大学出版社,2018.
[22]张倩,刘国柱.探析高职院校工商管理应用型人才培养对策[J].纳税,2017(16):87.
[23]张学召.工商管理学科创新人才培养模式及实践研究[M].北京:科学技术文献出版社,2022.
[24]郑云海,张志凯.高校工商管理专业应用型人才培养探究[J].文学少年,2020(20):170—172.
[25]周二勇.高水平应用型本科专业建设人才培养模式与评价体系研究[M].北京:北京理工大学出版社,2020.
[26]朱跃龙,董增川,姚纬明.研究生应用型人才培养研究[M].南京:南京大学出版社,2018.